高校辅导员核心职业能力
与队伍建设研究

赵　婧◎著

吉林人民出版社

图书在版编目（CIP）数据

高校辅导员核心职业能力与队伍建设研究/赵婧著.

长春：吉林人民出版社，2024.7. --ISBN 978-7-206

-21257-4

Ⅰ. G645.1

中国国家版本馆 CIP 数据核字第 2024RJ4252 号

高校辅导员核心职业能力与队伍建设研究

GAOXIAO FUDAOYUAN HEXIN ZHIYE NENGLI YU DUIWU JIANSHE YANJIU

著　　者：赵　婧

责任编辑：金　鑫

封面设计：豫燕川

出版发行：吉林人民出版社（长春市人民大街 7548 号 邮政编码：130022）

印　　刷：唐山才智印刷有限公司

开　　本：787mm×1092mm　　1/16

印　　张：9.5　　　　字　　数：128 千字

标准书号：ISBN 978-7-206-21257-4

版　　次：2024 年 7 月第 1 版　　印　　次：2024 年 7 月第 1 次印刷

定　　价：68.00 元

前　言

　　高校辅导员是颇具中国特色的职业群体，他们具有管理者和教师的双重身份，既类同于高校学生事务管理人员，又呈现出实质性不同。辅导员作为大学生思想政治教育的骨干力量，是高校学生日常思想政治教育和管理工作的组织者、实施者、指导者。大学生处于综合素质、技能、自我认知能力急速拓展的阶段，高校作为相对优质、稳定、透明化的平台，为其提供丰富的资源以供学习与拓展。辅导员作为对学生的直接管理者以及自我发展的合作者，除了对学生的日常学习、工作进行一定的约束、引导、指导教学以外，还需对学生进行人生观、价值观、公民意识的引导及培养。辅导员职业核心能力不仅仅是一个供参考研究的理论，更是一个有机体。从国家社会发展、大学生发展、辅导员的教育管理与自身的发展等不同层面分析，问题解决能力始终是职业技能中的核心要点。作为我国高等教育队伍发展的特殊现象，高校辅导员队伍专业化发展值得研究，作为思想政治教育在高等学校学生中的具体承担者，高校辅导员队伍专业化建设值得思想政治教育学科深入具体研究。辅导员也要协助学校心理健康教育机构开展心理健康教育，对学生的心理问题进行初步排查和疏导，组织开展心理健康知识普及宣传活动，培育学生理性平和、乐观向上的健康心态。其实，辅导员本身在开展大学生心理健康教育上，也具备身份地位优势、沟通交流优势和整合互动优势等。

本书以高校辅导员为研究对象，以高校辅导员专业化为取向，紧紧围绕高校辅导员的职业使命与要求，对高校辅导员核心职业能力与队伍建设进行了研究。期望本书能为高校辅导员职业发展、具体从事辅导员队伍建设和管理的教育部门、高校提供一定理论指导和实践参考。书中难免有不足之处，敬希广大读者朋友积极批评指正。

目 录

第一章　高校辅导员概述

第一节　高校辅导员的重要性及角色功能分析

一、高校辅导员的重要性

高等教育是以培养高级人才为目标的高层次教育，高校则是培养人才的场所。我国的教育方针是：教育必须为社会主义现代化建设服务、为人民服务，必须与生产劳动和社会实践相结合，培养德智体美劳全面发展的社会主义建设者和接班人。高校中的思想政治工作，就是为了实现这一目标，做学生的思想教育、转化和引导工作，而承担这一任务最直接的人员就是辅导员。高校辅导员所承担的工作任务，决定了他们在高等教育中有着特殊的重要性。

（一）辅导员是大学生思想政治教育的骨干力量

随着高等教育的大众化，大学入学人数急剧增加，办学层次以及办学形式发生了显著变化。由于学校管理还存在许多薄弱环节，安全问题、生活问题、心理问题等引发的事端时有发生，社会上的各种矛盾也在高校里有所反映。因此，今天的高等学府绝非世外桃源，高校的发展必须兼顾社会的需求，培养出勤奋务实、适应社会发展的人才是高校的头等大事。在观念多元化的大学校园里，树立一个正确的主导思想至关重要，尤其是对大学生的世界观、人生观、价值观的形成都有深远的影响。而工作在第一线的辅导员最贴近学生的学习、生活、情感等各个方面，能及时掌握第一手信息，引导大学生正确对待学习、生活、情感和就业等方面的问题，及时避免和化解矛盾，维护高校和谐、安全与稳定。

（二）辅导员是沟通高校管理者与学生的桥梁

在具体工作中，辅导员是学校党政领导联系学生的主要纽带。面对高校错综复杂的环境，为了更加有效地加强高校管理者与学生之间的沟通与交流，辅导员要对学校规章制度、相关政策起到上传下达的作用。学校的许多工作都需要广大学生的积极响应和热情参与，在工作中所面临的一些暂时困难也需要得到广大学生的理解和支持，辅导员是把党和国家的方针政策、学校的办学思想变成广大学生全面理解与自觉行动的重要保证。大学生的日常管理也离不开辅导员的辛勤工作。辅导员的工作量是相当大的，主要涉及大学生的注册、奖学金的评定、社会实践活动的组织、贫困生的资助、宿舍卫生的检查、校园文化活动的组织开展、学生党团工作、心理辅导、就业指导等。其中的任何一项具体工作缺少辅导员，都难以得到真正落实。

（三）辅导员是高等学校教师队伍的重要组成部分

辅导员是高等学校教师队伍和管理队伍的重要组成部分，具有教师和干部的双重身份。高校辅导员是高校学生最直接的管理者和教育者，是一支长期战斗在高校思想政治工作第一线的生力军，他们既要用自己的一言一行去教育、影响学生，又要对学生的言行及一切有关学生方面的工作效果负直接或间接的责任。

二、高校辅导员的角色

（一）思想导师

辅导员工作是高校学生的教育管理工作，要求辅导员本身必须深入学习、领会党和国家的方针政策，并将其作为自己日常工作的指导原则。同时，辅导员需及时地根据学生工作的不同要求制订合理、有效及针对性强的各项工作计划，并将有关国家方针政策及时宣传给广大学生，在具体组织实施过程中不断发现问题、分析问题和处理问题。而且，辅导员应将各种学生信息及时反馈给高校各学生管理相关部门，为学校进一步深化改革、搞好学生工作提供可靠依据。在教育过程中，辅导员应引导学生正确认识、评价问题，树立正确思想观念和价值标准，并灵活应用多样的形式，特别是理论学习和社会实践相结合的形式，使学生能够掌握坚实的理论基础。只有让大学生掌握科学的理论，才能帮助他们在思想上、信念上坚定共产主义远大理想，树立正确的世界观、人生观和价值观。

（二）学习导师

学习是学生的天职。由于专职任课教师重点在于具体课程的指导，因此，辅导员有责任从宏观角度、从学生的长期发展角度、从学习方法与知识结构等角度进行指导。辅导员应该让学生认识到学历教育时间的有限性和社会变化的迅速性。知识的更新日益显著，只有养成终身教育、终身学习的良好习惯，才能适应社会的不断发展。大学学习以自学为主，掌握良好学习方法与树立正确的学习目标十分关键。因此，辅导员应该引导学生进行三个过渡：其一是大学一年级时，指导学生从中学升至大学的过渡；其二是指导学生从理论性很强的基础课程学习阶段，向应用性、实践性很强的专业课程学习阶段过渡；其三是从高校学习到终身学习的过渡。培养学生学真知、学做真人，指导学生掌握科学的学习方法，为他们今后走向社会和胜任工作打好坚实的基础。

（三）生活导师

辅导员工作的首要任务是让学生学会与人相处，学会做人做事与自我发展。步入知识经济时代，每一个爱生敬业的辅导员必须面对与思索的问题是如何教书育人，如何运用真心指导和教育学生，以高尚的情操影响学生，成为大学生健康成长道路上的引路人。因此，辅导员应该将工作的重点着眼于指导学生生活。首先，应指导学生树立集体主义观念，在群体中学会和谐生活，能够灵活地处理人际关系，具备很强的心理承受能力与应对能力；其次，应指导学生树立公民意识，并加强对学生的文明生活方式教育，培养自立自强和健康清洁而且有规律的生活习惯。高校辅导员工作的主要职责还包括大学生个体规范化管理，它不仅涉及了大学生的日常作息的制度管理、教室和寝室的卫生、上课的考勤等，还涵盖了学生档案材料管理，评优评先和"奖、贷、勤、补、免"等管理，以及对大学生的文明行为的要求与安全保卫等。尽管这些工作相对烦琐与零散，但是正所谓"细微之处见实效"，高校辅导员应依照国家和学校的有关规定，严肃、认真、耐心、细致地做到学生管理的制度化与规范化，并持之以恒。

（四）职业导师

当前的就业形势不容乐观，辅导员应该引导学生树立正确的就业观念，在面对学生时，高校辅导员是职业导师的角色，为学生分析今后的就业方向，并解决学生在职业规划中的各种问题。大学生要成为具有思想政治理性的人群，应该为踏入社会和适应社会做好充足的思想准备。辅导员的职责就是指导大学生的社会实践。社会实践活动主要包括：社团活动、第二课堂、社会调查与实习等。高校辅导员需要引导大学生开展社会实践活动，服务于高校的人才培养目标，更要体现时代性、群众性和广泛性，另外，兼顾多样性、趣味性和生动性。

第二节　高校辅导员的素质要求

一、高校辅导员面临的新变化

高校辅导员面临的素质要求，与他们所处的社会大环境和教育的发展是密切相关的。与之前相比，无论是教育环境、教育对象还是教育目标导向，都发生了很大的变化。

（一）教育环境的新变化

教育环境是一种特殊的社会环境，既在宏观上制约着个体发展的方向以及水平，又对个体发展有着直接的影响。教育环境既包括社会环境、人文环境，也包括校园环境。科学技术突飞猛进，信息技术和网络技术不断普及，国家不断加大对教育的投入，学校教育的软硬件配套设施不断得到补充和完善，青年受教育程度普遍提高，高校服务社会、社会服务高校的校地共建模式使得学生在成长过程中能够获取更多的教育资源和教育机会等，这些巨大变化对于大学生来讲，产生了不容小觑的影响。社会转型发展取得巨大成功的同时，也会产生一些矛盾，会使某些个体利益受到一定的损害，如分配制度不完善、贫富差距偶然存在等。同是校园里接受高等教育的大学生，其存在着经济条件的天壤之别。而相对严峻的就业环境也对教育提出了很高的要求。网络的普及，使得一些自由思潮泛滥，个人主义、拜金主义的思想在心理并不完全成熟的大学生中产生了一定的影响，甚至左右了他们的判断。这就对高校辅导员的能力素质提出了很高的要求。教育同时也受到家庭的影响。"父母是孩子的第一任老师"，父母的价值判断、言谈举止、性格特点、处理问题的态度常常会潜移默化地影响自己的孩子。

（二）教育对象在发展

大学生普遍文化程度高，有自己独特的兴趣，但人生阅历相对较少，虽然有很强的自主独立意识，但自理能力相对较弱。大学生中独生子女占多数。这些大学生个性鲜明，特征明显，他们身上寄托着全家人的希望，他们对于未来的生活充满追求和信心，积极向上、乐观开朗，有着"初生牛犊不怕虎"的勇气和魄力，能够为实现自己的理想去打破常规。但是在"理想照进现实"的过程中，暂时的挫折和失败也很容易使他们产生沮丧、逃避的心态，在自我情绪调整上有欠缺。他们追求理想但又害怕失败，他们崇尚传统但又特立独行，他们极具批判精神但又缺乏明辨是非的能力，他们身上体现着矛盾性。

面对这样的学生，如何更好地把握思想政治教育的方式、方向以及路径，是对高校辅导员提出的一个很大的挑战。改革开放的不断深化，必然会带来收入差距拉大等社会问题，深深影响着人们的思想和价值观念。大学生从入校开始，就承受着学习、就业、竞争和经济等各方面带来的压力，再加上信息化程度不断加深，社会经济竞争愈演愈烈以及对经济利益的不正常追求，错误的舆论引导等都很容易使部分大学生产生不正常的金钱观和攀比心理，希望出现"快餐式"的成功，忽视长远的规划，只满足于当下……这些因素都给辅导员工作带来了挑战，对辅导员素质的要求也更高。

（三）教育目标导向的变化

传统教育更多关注文化知识的传授而较少关注学生个人的发展。高校教育面对的是鲜活的极具自我意识的新一代大学生，他们在经过学校教育之后会走向社会不同岗位，扮演不同的社会角色，他们都会拥有自己独特的人生轨迹，扮演不可替代的社会角色，这表明教育需要强调个性化。教育不仅要促进社会的发展，还要关注个人自身的发展，"以人为本"越来越成为大多数高校认同的人才培养理念。这要求教育的形式要大胆创新，内容要与时俱进，要凸显个性，教育要体现创造性而绝非"流水线式的生产"。每个人的自由发展是一切人自由发展的条件。这是一种价值判断上的巨大转变，我们要把学生培养成富有创新精神的人，而不是考试机器。我们要更好地把人文精神与科学精神统一起来，使学生能够在复杂、多变的社会环境中正确地进行知识选择和创新。

学生在"以人为本"的教育导向下，对教育有了更多的参与性和选择性，这种选择机会包括学习时间、学习方式以及学习内容等，学生的主体意识得到了空前的提高，学生获得了极大的学习自由。

在弘扬人文精神、唤醒主体意识、重视个体价值的导向中，如何做好高校大学生的思想政治教育工作？如何更好地实现对大学生的教育和服务？这些问题都对高校辅导员的素质提出了更高的要求，这种素质要求具有鲜明的时代特点，它要求高校辅导员成为青年大学生的学习导师、职业导师和人生导师。

二、高校辅导员素质发展的动态要求

随着社会的发展，高校辅导员的工作内容越来越丰富，涵盖面也越来越广泛。时至今日，辅导员的工作内容包括了思想政治教育、党建和精神文明建设工作、日常事务管理工作、心理健康教育、突发事件应急处理等。虽然工作繁杂，但责任很大，要求也很高，这对每一位辅导员提出了极高的要求。

目前，辅导员年轻化是一个显著特点。高校辅导员队伍建设逐渐走向职业化和专业化，需要具有专业知识和实践经验的人才来提高辅导员队伍的理论水平和整体素质。越来越多的年轻辅导员走上了工作岗位。他们生活在社会转型期，生产关系急剧变革、经济飞速发展、现代化程度越来越高、网络迅速普及、经济全球化的影响越发深刻，多元的社会文化和思想冲击着新一代青年人的行为方式和思维习惯，对他们走向社会产生了很大的影响。他们走向高校担任辅导员，必将会直接影响学生的世界观、人生观和价值观的形成。辅导员与学生之间年龄上的接近、生活轨迹的相似，在做学生工作时有得天独厚的优势。但是，由于辅导员承担的事务性工作较多，客观上压缩了辅导员自身的政治理论学习时间，在理论方面掌握的知识不够全面，从而使得自己的政策、理论水平不高，有时在解决学生的实际问题的时候，缺乏理论指导和思想武器，力不从心，没有说服力。同时有一些新进辅导员是刚刚毕业的研究生，相对缺乏社会历练，自身的社会阅历和理论修养不足，很难在学生当中树立威信，更谈不上影响力和感召力了。

因而，高校辅导员首先要具备过硬的政治素质，坚定立场，坚定信念，能及时有效、准确地把握时代脉搏。同时要有健全的人格，令人敬佩的个人修养，勤思考、大胆创新，而且要有坚强的意志、排除干扰的能力，在平凡中感悟幸福的乐观主义精神。这就是下面要讨论的政治理论素质、个人修养以及心理素质等。

（一）加强政治理论学习，把握发展动向

高校辅导员有时也被称为思想政治辅导员，政治素质是从事辅导员工作的灵魂，如果缺失了政治素质，就缺失了方向，失去了引领，它的工作开展情况，必将令人担忧。高校辅导员的世界观、人生观和价值观

以及政治立场和政治态度，直接影响学生的思想觉悟、道德标准的形成。辅导员本身要热爱祖国，拥护党的领导，热爱社会主义，坚持四项基本原则，保持清醒的政治头脑，具有鲜明的政治态度和坚定的政治立场，掌握正确的政治观点，具备较高的理论素养。在政治上明辨是非，保持政治敏锐性，在各种大是大非面前具有洞察力和判断力。

（二）提升个人修养，拓展思考维度

提升个人修养首先要提高道德素养，应着眼于辅导员职业道德的养成。辅导员要引导学生注意校园文明，自己首先应是文明规范的遵守者，应注重自身的举止文明，工作负责、为人正直、待人热情，用自己的一言一行影响学生，成为他们模仿和学习的榜样。热爱学生是做好工作的前提，要把学生放在第一位，时刻想着学生，不计较个人得失，真正急学生之所急，想学生之所想；要能够克服个人因素全身心地投入关爱学生、服务学生的工作中；要在学生寻求帮助的时候伸出援助之手，做好人生导师的角色；要经常与学生交流，走进学生的心里，仔细观察学生的变化，有针对性地给予指导。由于高校思想政治教育面临的社会环境处在不断变化之中，辅导员的工作在管理和服务方面也要与时俱进、积极创新。辅导员要扩展教育的广度和深度，全方位地提升思想政治教育的针对性和有效性。

（三）增强抗压能力，提高幸福认同感

辅导员工作的压力来自方方面面。从外部讲，学生的成长和学业的完成是压力，家长对学校教育过高的期望是压力，千头万绪的工作及时有效地完成是压力；同时还有来自内部的压力，如自身的成长和发展等，还有横向相比，与身边同龄人的竞争，也是给自身的压力。由于新任辅导员相对是一个年轻人的集合，相互比较的压力也是不可回避的。在工作中还存在出力不见成效、努力不得回报的时候，每当遇到这些的时候，抵抗压力、排解压力的能力就显得尤为重要。

针对辅导员工作，增加幸福感首先是要增强对岗位的认同感，要能充分认识到辅导员工作的重要性和崇高性，以及它对于大学生成长成才

所具有的意义和作用，只有这样，才能从心底里重视这份工作，热爱这份工作。辅导员必须发自内心地热爱这份工作，对事热心，对人热情；具有一定的牺牲精神，在学生工作中投入大量的精力和时间，碰到复杂状况或者难以解决的问题，要有无私的奉献精神，要有坚韧不拔的品质，要有全局意识和宽阔的胸怀，要有良好的工作作风和高尚的伦理职业道德；要能与学生同甘共苦，做到公平公正、刚直不阿、光明磊落、坦诚待人。只有这样，辅导员才能真正在工作中体验成功，收获幸福感，提高工作的幸福指数。

提升幸福感不只是一句口号，它受到辅导员的性别、年龄、受教育程度、工作年限以及收入差别等诸多因素的影响。同时更受到辅导员自身对工作的认识、认同和自我评价的影响，也受到社会给予辅导员工作的评价和定位的影响。辅导员要学会自我调适、缓解压力、调整心态，提高幸福感。辅导员工作是一种默默无闻、潜移默化的育人教育，它需要积极主动的工作精神，需要倡导乐于奉献、作风民主、言行一致、谦虚谨慎、联系群众的思想作风和工作作风。辅导员要有敬业爱岗精神，真正做到"敬业爱生""立德树人""励学笃行"。

三、高校辅导员应具备的素质

为适应多重角色，促进大学生的全面发展和高校的正常运行，高校政治辅导员必须努力提高其自身素质。

（一）过硬的思想政治素质和道德素质

思想政治素质是高校辅导员的核心素质。要提高受教育者的思想政治素质，必先要求教育者具有良好的思想道德品质和扎实的政治理论素养。辅导员必须不断提高自身的政治理论水平和思想觉悟；具有执着的政治责任感，高度的政治觉悟，坚定的政治立场和政治信仰，较强的政治参与意识；坚持以正确的政治方向引导人，以先进的政治理论熏陶人，以严格的政治纪律规范人，不断提高自身的政治素质、政治敏锐性和政治识别力，在"为谁育人""育什么样的人"这样的大是大非面前，有清醒的头脑，正确的认识。育人为本，德育为先。道德教育已愈来愈成为整个教育的重心。"学高为师，身正为范。"无形的示范和感化比语言形式上的教育更深刻、更实在。辅导员的工作是一项特殊的职业，它不能借助职位、权力让人信服。辅导员要以自身良好的品行风范、道德修养和人格魅力作为一种直接有力的教育因素潜移默化地感染和教育学生。

（二）丰富的文化素质

当今世界，文理渗透日趋明显，新兴学科、交叉学科不断产生。辅导员要在文理兼容的基础上，不断提高自己的文化修养。一个辅导员如果没有相当的文化底蕴和科学知识的积累，要想在日常教育工作中掌握主动、占有先机是很难的。辅导员除了应掌握系统扎实的思想政治理论知识外，还应具备一定的教育学、心理学、管理学、伦理学、美学等知识，应尽可能地了解与学生专业有关的基础知识，以便有效地指导学生的专业学习；应掌握一些与学生兴趣爱好有关的知识，或在音乐、美术、文学、体育等方面有一技之长，以便更好地与学生交流，融洽师生感情，并达到寓教于乐的目的。另外，在网络时代，为了更好地开展学生工作，加强师生间的联系与交流，辅导员还应具备必要的网络知识与操作技能。总之，辅导员必须具备一定的思想政治教育及管理工作知识，同时还应具有广博的人文和自然科学知识。

（三）较强的能力素质

辅导员应具备较强的办事能力、协调沟通能力、组织管理能力和语言表达能力，成为学生教育管理的专家。学生工作头绪多，事务繁杂。学生各方面的事务仅靠辅导员本人是不可能完全解决的，而需要与相关职能部门沟通合作，共同处理。辅导员应具有选择活动、制定方案、具体实施、总结经验和处理突发事件的能力，既要能使自己成为多面手，能顺利应付种种事务，又要能通过有效的组织管理，调动学生的积极性、主动性和创造性，从而达到集体教育的功能。谈话是辅导员开展思想工作常用的重要形式。一句恰如其分的赞扬，能使学生信心倍增、干劲十足；一句语重心长的告诫可使学生幡然醒悟、奋起直追。言辞粗暴、语言过激往往会伤害学生的自尊心，甚至使学生产生逆反心理。因此，良好的语言表达能力和诙谐幽默、恰到好处的语言表达技巧也是学生辅导员的基本素质要求。

（四）良好的心理素质

教育者良好的心理素质是顺利进行素质教育，达到健康人格培养的保证，是高质量、高效率工作的保障。教育对象的日益复杂化，要求辅导员必须具有良好的心理素质水平，必须具备敏锐的观察力，能及早尽快地发现各种问题，并能给予合理的指导；要保持良好的心境和乐观、稳定的情绪，以熏染并培养学生积极向上的情感及乐观向上的人生态度；必须具有良好的情绪反应能力、良好的心理承受能力和适宜的宣泄方式，能较好地自我调节和转化不良情绪，善于不断地修正和"平衡"自己。

（五）较强的创新素质

知识经济时代的发展要求高校必须培养创新型人才。创新也是学生思想政治工作的生命和动力。辅导员必须具有创新意识和创新精神，不断更新教育观念，转变教育思想，探索思想政治教育的新途径和新方法。在工作中努力求新、创新、出新，做到学习求知有新视野，分析问题有新角度，研究情况有新见解，部署工作有新思路，解决问题有新办法，管理学生有新经验，形成自己在学生工作中独有的风格。

（六）一定的科研素质

科学研究有助于辅导员正确把握新形势下教育对象的变化和特点，可以学习、吸收古今中外思想道德教育的闪光思想和有益经验，创新应用思想政治教育的方法和规律，增强工作的实效性，并对培育崇尚学术科技的校园文化有潜在的示范和促进作用。从长远看，辅导员工作应不再是一个短暂停留的驿站，临时工作的岗位。和其他职业一样，辅导员工作也应有鲜明的职业形象、过硬的职业技能和严格的资格认定，即辅导员的出路应该是走专业化和职业化之路。因此，辅导员必须具备一定的科研素质，这是提高工作成效的需要，是辅导员专业化和职业化的基本要求，是立足于学术基础发挥举足轻重作用的高校的需要，也是高校辅导员生存和发展的必备素质。

第三节　高校辅导员的职业道德

职业道德是从事任何一项职业的人应当遵循的道德规范和行为准则。辅导员应当遵守辅导员行业的职业道德，最基本的要求是爱岗敬业、为人师表。辅导员由于其工作的特殊性，其身上所体现出来的职业道德水平不仅是自身的道德修养水平的体现，还会直接影响其所管理和服务的大学生群体的道德修养水平，进而影响整个社会的精神文明建设。强调辅导员的职业道德水平，加强职业道德建设，无论对于高校学生工作的开展，还是对于整个社会精神文明水平的提高，都有着重要的意义。简单来说，对于辅导员的职业道德要求可以概括为五个方面：责任心、奉献心、上进心、务实心和真诚心。

一、责任心

责任心要求辅导员在工作中无论做任何事情都要有责任意识，首先要意识到责任，而后要敢于承担责任。对于一个辅导员来说，必须清楚自己作为一个思想政治教育者所承担的责任，不仅仅是简单地对学生学习、生活事务的管理和相关服务的提供，更重要的是发挥为人师表、道德表率的作用，通过自身的言行教育、引导学生，帮助学生正确认识和处理身边的人和事。辅导员在工作中对领导负责，更要对全体学生负责，因为辅导员的工作直接关系到学生的未来，今天的大学生是 10 年、20 年以后国家建设的中流砥柱，对学生负责也就是对国家未来的发展负责。

爱岗敬业不应当只是一句口号或者宣传标语，而应当真正内化成为辅导员的思想信念，成为辅导员工作的行为准则。在实际工作中辅导员要从点滴做起，小事的处理中更能体现出辅导员对于责任心的态度和看法。

二、奉献心

辅导员是一项需要很强奉献精神的职业。辅导员的工作非常复杂，也非常烦琐，工作的性质决定了辅导员很少会有惊天动地的成就，有的只是日复一日辛勤地劳作。辅导员工作不适合那些期望通过工作来获取名利的人，而只适合那些期望通过工作对学生有所帮助、对社会有所贡献的人。

三、上进心

学海无涯，学无止境。任何一个人要想取得进步，都不能够满足于已有的知识能力，而应当不断学习新的知识，强化新的能力，才能跟上时代发展的需求。辅导员的工作尤其如此，辅导员不仅要教导自己的学生不断追求上进，自身也要以同样的标准要求自己，充分发挥榜样的激励作用和促动作用。辅导员面对的是求知欲望极其强烈的大学生，他们对于未知的领域有着很强的好奇心和求知欲，辅导员应当跟上学生求知的步伐，尽可能了解学生与兴趣相关的知识，搭建更多与学生沟通的平台。

四、务实心

务实的工作作风是辅导员职业道德的重要内容。创新的意识对于辅导员工作来说非常重要，但工作中求实的态度更为基础。辅导员处理每一件事情都涉及学生的利益，必须坚持求真务实的工作态度，容不得半点虚假。

五、真诚心

辅导员的工作大部分时候是直接与学生打交道，在与学生的沟通交流过程中，辅导员应当真挚、坦诚地与学生进行交流。沟通从心开始，只有用一颗真挚的心才能打动学生，实现辅导员与学生之间心与心的交流，帮助辅导员更好地开展学生管理工作。

第二章　高校辅导员核心职业能力概述

第一节　高校辅导员核心职业能力的内涵界定

一、内涵界定的逻辑思路分析

界定辅导员核心职业能力的内涵，有两种逻辑思路：一是循着"核心能力—核心职业能力—辅导员核心职业能力"的逻辑进行，二是循着"职业能力—辅导员职业能力—辅导员核心职业能力"的逻辑进行。只有对比分析这两种界定的逻辑思路，明其优劣，才能找到更适当的辅导员核心职业能力内涵界定的逻辑。

（一）关于第一种界定思路

遵循着"核心能力—核心职业能力—辅导员核心职业能力"的逻辑思路界定辅导员核心职业能力，是立足核心能力而展开辅导员核心职业能力内涵的探讨。因为核心能力是职业教育中的核心概念，所以从这一逻辑思路进行分析，对辅导员核心职业能力的把握则偏重职业教育界基于社会的用人需要而建构出的对人的职业能力的理解。在此种界定思路中，对"核心能力"的理解和把握是关键点。"核心能力"概念的提出，是源于社会对人的职业能力的需要。随着社会发展的加速，知识技能的更新速度加快，这对从业者的持续学习能力提出了迫切的要求；同时，小批量多品种的生产方式使从业者不得不在多个职业岗位间流动，人员的流动性增强，人们的工作岗位频繁变动。为了增强人们持续学习的能力，增强人们在不同工作岗位上的适应性，教育界尤其是职业教育界提出了培养人的核心能力。

— 15 —

"核心能力"往往又称作"关键能力"。"关键能力"是那些与一定的专业实际技能不直接相关的知识、能力和技能，它更是在各种不同场合和职责情况下做出判断选择的能力；是应对人生生涯中不可预见各种变化的能力，包括"基础能力""职业拓展性要素""信息获取和加工能力""时代关联性要素"四个基本要素。

在我国，人们对核心能力的理解，也是一般意义上的通用能力。人们普遍认同核心能力是人们在职业生涯甚至是日常生活中所必需的能力，是能体现在具体职业活动中的最基本的技能，是极具普遍的适用性和广泛的可迁移性的职业能力，其影响辐射到整个行业的通用技能和职业的特定技能领域，对人的终身发展和终身成就影响极其深远。不管是关键能力概念，还是核心能力概念，都是特指那些基础能力，是具有广泛适用性的能力，是通用性职业能力，这些能力不仅是从事职业所必备的，也是人的日常生活所必需的。

很显然，遵循着"核心能力—核心职业能力—辅导员核心职业能力"的逻辑思路，辅导员核心职业能力势必就是核心能力当中的某一个或某一些能力。也就是说，那些适应于不同工作岗位需求的核心能力中的某一个或某一些能力就是辅导员核心职业能力。有研究者认为语言表达能力、文字写作能力、教学技能、品德修养感化能力、科学研究与创新能力是辅导员核心职业能力还有些研究者认为优秀的人格魅力、先进的教育理念、创新能力、持续的学习研究能力是辅导员核心职业能力。以此逻辑来看，辅导员核心职业能力以多个岗位对核心能力的需要为出发点，将辅导员岗位放置于能在其他多个工作岗位之间进行流动的角度来审视辅导员核心职业能力。从具备核心职业能力的目的来看，是为了辅导员能够在其他多个工作岗位之间进行流动。然而，辅导员核心职业能力应当是与其他工作岗位的核心职业能力有着本质差异的一些能力，对其进行探究应当立足于履行辅导员职业所特有的使命，而不是统观不同工作岗位的能力要求。具备辅导员核心职业能力是为了标识出辅导员与其他工作岗位人员在职业能力上的本质区别，是为了增强辅导员职业的社会认可度，是为了提升辅导员职业的专业化程度，而不是为了便于辅导员流向其他工作岗位。

（二）关于第二种界定思路

遵循着"职业能力—辅导员职业能力—辅导员核心职业能力"的逻辑界定辅导员核心职业能力，是把辅导员核心职业能力放置于辅导员职业能力体系框架内进行探讨。这种内涵界定思路，以明确辅导员核心职业能力在辅导员职业能力体系中的地位与作用、以明晰辅导员核心职业能力与非辅导员核心职业能力之间的差异为关键点，它立足于辅导员职业能力体系的系统论的角度来分析辅导员核心职业能力的内涵，也着眼于履行辅导员职业使命的角度而对辅导员核心职业能力的内涵做出界定。

在这种逻辑思路下，辅导员核心职业能力隶属于辅导员职业能力体系，是辅导员为履行辅导员职业使命而应当具备的职业能力，且是在辅导员职业能力体系中居于核心地位的职业能力。可以看出，遵循这一逻辑思路所理解的辅导员核心职业能力是辅导员所特有的职业能力，是不同于其他从业者的职业能力。具备了核心职业能力，辅导员才能从事辅导员工作，担负起履行辅导员职业的使命，进而也才能凸显出辅导员职业的专业性，赢得社会认可。相对于其他职业能力而言，辅导员核心职业能力是专属的、独特的。辅导员核心职业能力不仅是功能意义上的职业能力，也是竞争意义上的职业能力。这更贴合了辅导员核心职业能力的本质。因此，对辅导员核心职业能力的内涵界定要选择"职业能力—辅导员职业能力—辅导员核心职业能力"这一逻辑思路。

二、内涵界定的认识定位

遵循着"职业能力—辅导员职业能力—辅导员核心职业能力"的逻辑思路来界定辅导员核心职业能力的内涵，是将之置于辅导员职业能力体系来对其进行把握。弄清辅导员职业能力体系，为辅导员核心职业能力内涵界定确立坐标定位，是界定辅导员核心职业能力内涵的关键。明晰辅导员职业能力体系，又以明确职业能力和辅导员职业能力为前提。

（一）职业能力的含义与构成

对职业能力的理解，国际劳工大会将职业能力界定为个体获得和保持工作，在工作中进步，以及应对工作生活中出现的变化的能力。职业能力是指人们从事某一特定职业所必须具备的基本素质，是成功从事该职业所必备的一系列的具有稳定性和综合性的心理特征；职业能力是人们运用知识、经验、技能、技巧等，按照某职业所规定的职业规范和行业标准，从事并完成该职业活动的综合能力。职业能力是针对特定的职业而言，为履行某个职业任务其从业者必须具备的能力。在数量上，为完成某个职业任务而需具备的职业能力有多项。在这些职业能力中，根据所承担的职业任务不同，可以将职业能力分为不同的类别，这些不同类别的职业能力各自有着相应的重要程度。随着从业者知识经验的增长，其职业能力水平得到提高，也会因为其从事的职业的需求变化而调整对其职业能力的要求。

关于职业能力的构成，我国将职业能力划分为职业特定能力、行业通用能力和核心职业能力三个层次，这是我国职业能力分析的基本构架。需要指出的是，此职业能力结构中的核心职业能力，都是那些"普适性的""可迁移的""去情境性的"职业能力，是最基础的职业能力。

（二）辅导员职业能力的含义及体系

辅导员核心职业能力是相对于非辅导员核心职业能力而言的。理解辅导员核心职业能力，要将之置于辅导员职业能力体系之中，方能更准确地予以把握。在建构辅导员职业能力体系之前，首先要弄清辅导员职业能力的概念。

辅导员职业能力是职业能力概念的推演。作为职业能力的一种特殊形式，辅导员职业能力在一般意义上都具有职业能力的上述特点，同时它又体现出履行辅导员职业使命的特殊要求。因此，可以将高校辅导员职业能力定义为高校辅导员履行高校学生工作职责、做好大学生思想政治教育工作所应具备的专业知识和专业技能。

　　完成辅导员职业使命的诸多职业能力构成了辅导员职业能力体系。探究辅导员职业能力体系，不仅能明晰辅导员职业能力的具体构成内容，还能反映各项职业能力之间的关系，能更准确地把握辅导员核心职业能力。综观现有的辅导员职业能力的构成，受国家职业能力划分标准影响，研究者们大多将辅导员职业能力划分为行业通用能力、岗位特定能力和职业核心能力三大组成部分，且都比较推崇将核心职业能力置于最里层的辅导员职业能力洋葱结构模型。但是，即使是相同的辅导员职业能力结构模型，研究者却对辅导员核心职业能力持截然不同的理解，有两种比较典型的观点：一种观点认为处于辅导员职业能力洋葱结构模型最里层的核心职业能力是通用性很强的职业能力，另一种观点认为处于辅导员职业能力洋葱结构模型最里层的核心职业能力是辅导员专属的思想政治教育能力。为此，不宜随意借用现有的某一种辅导员职业能力结构模型，而有必要进行进一步的分析，重构辅导员职业能力结构模型。重构辅导员职业能力结构模型至少需要解决三个问题，即如何建构辅导员职业能力体系，辅导员职业能力体系由哪些职业能力构成，其各项职业能力之间的关系如何。与之对应的，就是建构辅导员职业能力体系的前提条件、辅导员职业能力体系的内容和辅导员职业能力体系的结构。

　　其一，建构辅导员职业能力体系的前提条件分析。如何建构辅导员职业能力体系，或者说建构一个怎样的辅导员职业能力体系，离不开一些前提条件，这是建构辅导员职业能力体系的基础。探究辅导员职业能力体系，要回归至辅导员职业任务的履行。所以，建构辅导员职业能力体系要以明晰辅导员职业任务为前提。"辅导员"是一个特指人群。从工作对象来看，"辅导员"是指狭义上的大学生辅导员，不包含研究生辅导员；是在院（系）的专职辅导员，不包含学校党政干部和共青团干部；是在院（系）直接面对学生的专职辅导员，不包含院（系）党委（党总支）副书记，因后者主要是统筹领导和管理院（系）学生工作，基本不直接面对学生；是专职辅导员，不涉及兼职辅导员。从工作场域来看，"辅导员"是学院制的辅导员，不是书院制的辅导员，也不是学生工作专业化系统之下的专项工作辅导员。也就是说，"辅导员"是个人包保制模式下的辅导员，即辅导员以院（系）行政班级为基本的工作场域和工作对象，独立地全面开展大学生日常思想政治教育。按照职业能力二分法进行划分，为完成辅导员的职业任务，辅导员除了具备基本的通用职业能力外，还应当具备专业职业能力。辅导员在完成众多的职业任务工作中，应当抓住关键的辅导员职业任务，解决辅导员职业任务中的核心内容，相应地辅导员应当具备辅导员核心职业能力。另外，辅导员专业化队伍建设目标要求辅导员除了全面负责学生的日常思想政治教育外，还需具备专项发展职业能力。所以，辅导员专业职业能力包含了核心职业能力和专项发展职业能力两部分。因此，建构辅导员职业能力体系，要从通用职业能力和专业职业能力两方面进行。

其二，辅导员职业能力体系的内容。辅导员职业能力体系由通用职业能力和专业职业能力构成，其中专业职业能力又包括专项发展职业能力和核心职业能力。通用职业能力是辅导员应该具备的、最起码但又是基本性的职业能力。辅导员的通用职业能力没有明显的辅导员工作、思想政治教育的职业指向性，但它又是辅导员其他职业能力得以施展的前提和基础。不具备通用职业能力，辅导员的其他职业能力就无从发挥效用。通用职业能力包括组织管理能力、协调能力、表达能力、创新能力、调查研究能力等。专项发展职业能力是辅导员完成某一辅导员专项工作所需要具备的职业能力，属于专业职业能力，它主要包括学业指导能力、职业规划与就业指导能力、心理健康咨询教育能力、危机事件应对能力等。辅导员核心职业能力也属于专业职业能力，是辅导员专业职业能力中的核心和关键部分，是衡量辅导员个体和群体的职业能力高低、职业水平的关键指标，是鉴别辅导员专业化水平的重要标尺，是辅导员职业能力的本质体现。总而言之，辅导员职业能力体系是由通用职业能力、专项发展职业能力和核心职业能力三大部分构成的。

其三，辅导员职业能力体系的结构。组成辅导员职业能力的通用职业能力、专项发展职业能力和核心职业能力，各自所针对的职业任务是不相同的。通用职业能力是完成辅导员职业任务所需的最基本的职业能力，也是完成其他相近职业任务需要具备的职业能力，它是辅导员职业能力的基础，并渗透专项发展职业能力和辅导员核心职业能力之中。虽同为专业职业能力，但专项发展职业能力和核心职业能力各自承担着不同的辅导员职业任务。专项发展职业能力是辅导员完成某一具体的辅导员专项工作而应具备的职业能力。辅导员的职业专项发展目标不同，需要培养的专项职业能力不同。辅导员核心职业能力是辅导员完成职业任务中的关键任务所需要具备的职业能力，它在辅导员职业能力体系中处于关键地位、核心位置。因此，这两种职业能力在作用发挥上也各不相同，辅导员核心职业能力是统领，辅导员核心职业任务的履行情况直接影响着辅导员专项职业任务的完成，辅导员核心职业能力优先于专项发展职业能力，是专项发展职业能力的统帅，而专项发展职业能力又是辅导员核心职业能力的有力支持。因此，现有的辅导员职业能力洋葱结构模型有待改进和优化，应该改为立体的辅导员职业能力柱状体。在立体的辅导员职业能力柱状体中，各项职业能力各自承担着不同的职业任务，各司其职，各尽其能。通用职业能力是辅导员职业能力柱状体的底座，起着奠基作用。核心职业能力是辅导员完成核心职业任务的核心能力，是辅导员职业能力柱状体的轴心，是带动整个辅导员工作运转的职业能力，发挥着关键作用，推动着整个辅导员职业能力体系的建设。专项发展职业能力是辅导员职业发展所需的拓展职业能力，是辅导员职业能力的有力补充，处于辅导员职业能力柱状体的外围。与此同时，这些职业能力彼此之间又相互联系、相互影响、相互作用，共同支撑起整座辅导员职业能力的"大厦"。通用职业能力支撑着核心职业能力和专项发展职业能力，核心职业能力升华通用职业能力并带动专项发展职业能力，专项发展职业能力丰富、拓展核心职业能力和通用职业能力，共同构成辅导员职业能力体系。另外，各项职业能力均有不同层次的发展水平，表现为辅导员的职业能力水平差异。由此，形成了立体的、动态的、发展的辅导员职业能力体系。辅导员核心职业能力，是置于这个辅导员职业能力体系之中的一项专业性职业能力。

三、界定内容及内涵理解

（一）立足于属性与功能角度

对辅导员核心职业能力的内涵界定，不是把"核心"与"辅导员职业能力"简单相加，不是重复职业能力或者辅导员职业能力的一般含义，关键在于从辅导员职业能力体系中体现并把握其"核心"之要义，辅导员核心职业能力的内涵界定要凸显的是"核心"，而不是"职业能力"或者"辅导员职业能力"。辅导员核心职业能力是指辅导员履行岗位职责所必备的综合素质。

相对于辅导员职业能力体系中的其他职业能力而言，辅导员核心职业能力是辅导员履行辅导员岗位职责所需要具备的最重要的职业能力。相对于从业人员而言，辅导员核心职业能力是辅导员必须具备的职业能力，是辅导员不同于其他岗位从业人员的重要标识，也是辅导员区别于其他高校大学生思想政治教育主体的重要依据。相对于职业而言，辅导员核心职业能力是有别于胜任其他职业所需的最重要的职业能力。"关键能力"与"核心能力"是所有职业从业者应具备的基础性的、通用性的职业能力，是完成职业任务共有的、"趋同"的职业能力，而辅导员核心职业能力是仅针对完成辅导员职业任务而言，是与完成其他职业任务所需职业能力的"立异"的职业能力。更深刻地把握辅导员核心职业能力内涵，要从回归辅导员职业能力体系框架、区分其与非辅导员核心职业能力之间的关系、实现辅导员职业目标方面着手，有助于把握其"核心"之义。

第一，从回归辅导员职业能力体系框架来把握辅导员核心职业能力，体现在属性上它是专业性职业能力，不是通用性职业能力。一方面，将辅导员核心职业能力置于辅导员职业能力体系框架中进行分析，可明确辅导员核心职业能力不是人们通常所言的核心能力，而是专属的专业性职业能力。一般来讲，核心能力是通用性的、可迁移的、基础性的能力。但是，辅导员核心职业能力是专业性职业能力，而不是通用性职业能力。通用性职业能力的重要作用无可厚非，尤其是在当今工作岗位频繁变动的时代，通用性职业能力在人们的生活中发挥着极其重要的作用。但是，这些通用性职业能力主要是以一种工作态度、工作方法、工作智慧的形式出现，并需置于其他的专业性职业能力中才能发挥作用。其实，人们通常所言的核心能力，即通用性职业能力，都要依存于专业性职业能力才能发挥出它的效用。不过专业性职业能力本身包含着通用性职业能力，即专业性职业能力本身包含着人们通常所言的核心能力。辅导员核心职业能力是其履行辅导员岗位职责的能力，其作用对象直指辅导员岗位职责的关键部分，因此它不是通用性职业能力，而是专业性职业能力。辅导员核心职业能力与专项发展职业能力都是专业性职业能力，只是它所发挥的作用更重要，所以在辅导员职业能力结构中位于轴心位置。另一方面，利用辅导员职业能力体系，从辅导员核心职业能力概念的演化角度进行分析，同样表明辅导员核心职业能力是专业性职业能力。辅导员核心职业能力是其履行辅导员岗位职责所需具备的能力，也是履行辅导员职业任务所需具备的最重要的职业能力，它遵循着"职业能力—辅导员职业能力—辅导员核心职业能力"的思路演进而来，而不是遵循着"核心能力—核心职业能力—辅导员核心职业能力"的思路而发展的，它重点突出的是履行辅导员职业任务所应具备的最重要的职业能力，而且它侧重于强调辅导员职业能力的专门性与专业性。因此，从辅导员职业能力体系框架来看，辅导员核心职业能力与通常意义上所讲的核心能力是两个完全不同的概念。专业性职业能力，这是对辅导员核心职业能力的属性定位。

第二，通过比较辅导员核心职业能力与非辅导员核心职业能力来把握辅导员核心职业能力，可以看出，在功能上，辅导员核心职业能力是统领性的职业能力，不是奠基性的职业能力。这是在功能上比较辅导员核心职业能力与非辅导员核心职业能力之间的差异，以此来把握辅导员核心职业能力实质。通用职业能力是处于基础性的职业能力，专项发展职业能力是拓展性的职业能力，而辅导员核心职业能力是辅导员职业能力体系中处于核心地位、起着统领作用的职业能力。较之于通用职业能力、专项发展职业能力，辅导员核心职业能力体现出更重要的功能，具体表现在三个方面。

首先，辅导员核心职业能力表现在它的关键性上。它是履行辅导员职业使命、诠释辅导员职业职责必须具备的最重要的职业能力。如果没有辅导员核心职业能力，那么辅导员的职业使命就不能得到恰当履行。对于从业的辅导员而言，如果不具备辅导员核心职业能力，就不能胜任辅导员的工作，就不是一名合格的辅导员。是否具备辅导员核心职业能力，是辅导员能否从业的必要条件。

其次，辅导员核心职业能力表现在它的主导性上。这是由辅导员核心职业能力的关键性衍生而来的。正因为辅导员核心职业能力对履行职业使命有关键性作用，它的核心地位决定了它对其他职业能力具有导向性。

最后，辅导员核心职业能力表现在它的凝聚性上。辅导员核心职业能力是辅导员职业能力体系中的关键能力。从辅导员职业能力的结构中可以看出，辅导员核心职业能力处于能力体系的中心轴，横向引导着专项发展职业能力，纵向指引着通用职业能力，是驱动职业能力体系的动力源，具有统领作用。同时，它又对其他辅导员职业能力尤其是对专项发展职业能力，发挥着聚合作用。

总之，从职业能力的功能上讲，辅导员核心职业能力在辅导员职业能力体系中处于统领地位，它不同于处于基础地位、拓展地位的职业能力，具有比非辅导员核心职业能力更重要的功能。

第三，从实现辅导员职业目标的角度来把握辅导员核心职业能力，可看出它是履行"首要岗位职责"所要具备的职业能力，而不是履行"次要岗位职责"所要具备的职业能力。在开展任何一项实践活动时，人有别于动物，这体现在人的实践活动都有明显的目的性，辅导员开展的工作、履行的职责是有意识、有目的的实践活动，辅导员在具体从事工作时总是遵从于其所做出的抉择。如果辅导员具备了履行首要岗位职责的职业能力，则该辅导员就能完成职业任务中最关键、最重要、最核心部分的内容，就能担负起履行辅导员本质职业任务之责。辅导员只有具备了履行首要岗位职责的职业能力，在开展工作时才不至于力不从心，才不会偏离"本"，从这个角度上讲，只有具备了核心职业能力的辅导员，才称得上合格的辅导员。正是基于职业能力是从业者胜任职业任务应当具备的综合素质，辅导员核心职业能力是针对辅导员履行首要的辅导员岗位职责而言的，而不是针对其履行次要的辅导员岗位职责而言的。

综上所述，从属性来看，辅导员核心职业能力是专门针对其履行辅导员职责而言要具有的专业属性的职业能力，而不是适应于多个职业的通用性职业能力。从功能来看，辅导员核心职业能力是辅导员履行首要岗位职责而非履行次要岗位职责所需具备的职业能力，是辅导员职业能力体系中统领性的职业能力而不是奠基性的职业能力。

（二）立足于辅导员职业使命角度

核心职业能力以其履行辅导员职业任务所担负的重要作用，在辅导员职业能力体系中处于关键地位，支撑着整个辅导员职业能力体系。然而，这只是对辅导员核心职业能力的感性认知。

下面将立足辅导员职业使命进行分析，从数量维度上初步了解辅导员核心职业能力。

首先，从完成职业任务的功能来看，辅导员核心职业能力是相对于完成首要的辅导员职业任务而需具备的职业能力，是相对于辅导员职业能力体系中的其他职业能力而言更具重要性的职业能力，它与非辅导员核心职业能力都指向一个目标，即完成辅导员职业使命，只是辅导员核心职业能力更具统领性，是某个辅导员胜任辅导员岗位、成为一名合格辅导员必须具备的职业能力。

其次，从职业任务的重要程度来看，辅导员核心职业能力在数量上也应趋少不宜趋多。辅导员的职业任务有多项，但是各项职业任务的重要程度却各不相同。辅导员核心职业能力是辅导员履行首要职业任务而应具备的职业能力，是基于发挥其关键作用而取得的"核心"地位。当核心职业能力的数量越来越多时，核心职业能力所承担的核心功能就越来越少。当核心职业能力的数量趋近职业能力总数时，也就无所谓核心职业能力与非核心职业能力之分。另外，如果说有多项辅导员核心职业能力，势必会推演出存在多项首要辅导员职业使命的情况。然而，存在多项首要辅导员职业使命这本身就是一个伪命题。因为"首要"是最重要的，是摆在第一位的，所以不可能有多个首要辅导员职业使命。总之，根据履行辅导员职业的核心职能分析，辅导员核心职业能力体现在数量上不是多个，而是单个。

辅导员核心职业能力在数量上是单项的，且与其他辅导员职业能力构成"一核多元"的职业能力结构体系。从"多与少"的数量关系进行分析，辅导员核心职业能力是单项的，并与其他辅导员职业能力一道构成"一核多元"的辅导员职业能力结构体系。虽然当前的辅导员职能很丰富，但开展大学生思想政治教育仍然是首要的辅导员职能，并贯穿所有辅导员职业任务。所以，辅导员核心职业能力应当是辅导员作为思想政治教育者所应具备的职业能力，而不是辅导员作为专项工作者所应具备的职业能力。

与人们通常认为的完成所有职业任务需要具备的通识性强、可迁移性强的职业能力是核心职业能力的观点不同，辅导员核心职业能力是完成辅导员特有的职业任务的职业能力。在完成特有的辅导员职业任务的范围内，辅导员核心职业能力又是以完成整体辅导员职业任务为出发点和归宿，是要完成首要的辅导员职业任务，而不是解决枝节问题的具体的辅导员职业任务。因此，在此意义上，辅导员核心职业能力又是完成整体辅导员职业任务的"通"的职业能力，而不是仅完成专项职业任务的"专"的职业能力。虽然现在对究竟什么能力是辅导员核心职业能力还不甚明晰，但至少可以做出判定，诸如学业指导能力、心理咨询能力、创业指导能力等不是辅导员核心职业能力。

一直以来大学生思想政治教育都是辅导员要完成的首要职业任务，也是辅导员职业要履行的核心职业任务。只是随着时代的变迁和社会发展的变革，以及教育对象的思想特点变化，大学生思想政治教育发生了许多新变化。为此，辅导员作为思想政治教育者，其核心职业能力既是一个旧课题，也是一个新课题。所以，对辅导员核心职业能力的判定，既可借用原有的科学合理的判定结果，又需融入新元素，需要体现出培养全面发展的社会主义事业的建设者和接班人、担当民族复兴大任的时代新人的人才培养目标需求，需要体现出大学生思想政治教育在"双一流"建设中的特殊需要等。判定辅导员核心职业能力，既不是完全否认已有的研究成果，又不是简单搬用原有的研究成果，而是在新时期对"旧"问题的"新"审视，在遵循中寻求突破，在变化中紧抓主旨。

虽然辅导员的教师身份和管理者身份对其工作内容、工作方式和考核指标各有所侧重，但两种身份统一于辅导员对大学生的思想政治教育之中，共同致力于大学生思想政治素质的培养教育。辅导员教师和管理者的双重身份，是辅导员的岗位特征，有别于高校其他的思想政治教育工作者。因此，从空间维度对比辅导员职业岗位与其他职业岗位对其核心职业能力的要求，尤其是对比其他大学生思想政治教育主体的岗位对其核心职业能力的要求，可以发现辅导员核心职业能力既需体现辅导员作为教师身份的职业能力，也需体现辅导员作为管理者身份的职业能力，但都是有别于专任教师和专职管理者的职业能力。辅导员核心职业能力需要体现在，开展融入学生实际问题中的思想政治教育时，从精要处对学生的价值引领，从细微处对学生的思想渗透。

第二节　高校辅导员核心职业能力的 特征与重要意义

一、高校辅导员核心职业能力的特征

要全面把握辅导员核心职业能力，还需要进一步研究辅导员核心职业能力的特征。将辅导员核心职业能力作为一个整体置于辅导员职业能力体系之中，与非辅导员核心职业能力相比较而言所体现出的个性特质，即辅导员核心职业能力的特征，其特征主要有专门性、统领性和不可替代性。

（一）专门性

专门性是辅导员核心职业能力最显著的特征。辅导员核心职业能力之所以具有专门性，是与辅导员核心职业能力承担的独特职业任务直接相关的。辅导员核心职业能力是专业性的职业能力，不是人们通常理解的通用性职业能力。专业性是针对某一特定领域、范围、对象所特有的属性，辅导员核心职业能力也是针对辅导员职业这一特定的职业范围、职业使命、职业任务的关键能力，因而它具有专门性的特征。

辅导员核心职业能力的专门性，体现在辅导员职业使命的独特性上。辅导员核心职业能力是针对其履行首要的辅导员的职业任务而应当具有的职业能力，这一内涵界定非常明确地限定了辅导员核心职业能力的"履职"范围。在辅导员职业内容上，有研究者认为，当前的辅导员职业已涵盖了教育、管理、服务、咨询和研究等多样化的职能，涉及思想理论教育和价值引领、党团和班级建设、学风建设、学生日常事务管理、心理健康教育与咨询工作、网络思想政治教育、校园危机事件的应对、学生的职业规划与就业创业指导、理论和实践研究九大主要工作职责。在辅导员职业角色上，辅导员不仅是大学生思想政治教育的骨干力量、大学生的人生导师，还是学生学习、生活的管理者和学生学习、生活的服务者。与学生相关的方方面面都成为辅导员工作的职责范围，其工作内容复杂，头绪繁多，要履行的职业任务众多。而众多的辅导员职业任务并非都处于相同等次，而是有重要程度之别的。辅导员核心职业能力是其履行辅导员首要职责任务的职业能力，而并不涉及其履行其他次要的、一般的职业任务。换句话说，辅导员核心职业能力只针对辅导员首要职业任务，而不针对辅导员的其他职业任务，辅导员核心职业能力履行的职业任务有特定的范围限制。因此，从履行辅导员职业的独特使命的角度来看，辅导员核心职业能力具有专门性的特征。

辅导员核心职业能力的专门性，还体现在实现辅导员职业目标的针对性上。职业能力是针对一定职业的能力，离开了一定的职业方向，就谈不上职业能力的存在。辅导员职业能力是针对辅导员这一特殊的职业而所应当具备的职业能力，而辅导员核心职业能力是在辅导员职业能力范围内的进一步限定，是辅导员为了履行辅导员职业的首要岗位职责而应当具备的职业能力，它被深深烙上了辅导员职业的印记，是与其他职业的核心职业能力有着明显差异的职业能力。辅导员核心职业能力的专门性，就体现为它是履行辅导员职业的首要职责而应具备的职业能力，是完成辅导员职业目标所必须具备的职业能力，该职业能力并不适用于其他职业，或者说该职业能力并不能完成其他职业任务，并不能实现其他的职业目标。辅导员核心职业能力是完成辅导员职业目标而应当具备的"专有"的职业能力，具有专门性。

辅导员核心职业能力的专门性，体现在与辅导员通用职业能力相比较的差异性上。通用职业能力与辅导员核心职业能力都是辅导员职业能力的组成部分。顾名思义，通用职业能力是在多种职业、相近的职业群，甚至所有职业领域都应具备的一些能力。夸张地说，通用职业能力没有独立存在的意义，它只是某一特定职业能力的基础，只有当它被融于特定职业时才被赋予了真正内涵。而辅导员核心职业能力则不同，它是只适合于辅导员职业的职业能力。只具备辅导员核心职业能力的人要去担任高校思想政治理论课的教师、其他专业课程的教师，是不合格的。从辅导员核心职业能力与辅导员通用职业能力的比较上，可很明显显示出辅导员核心职业能力的专门性特征。

（二）统领性

统领性，是指辅导员核心职业能力对辅导员其他职业能力的统筹率领的作用，辅导员核心职业能力具有指导性、领导性和决定性。辅导员核心职业能力之所以能成为"核心"，很重要的原因在于该职业能力有统领性。在辅导员职业能力体系中，通用职业能力、专项发展职业能力和核心职业能力各有分工，所对应的职业任务各有侧重。它们之所以能形成一个整体，在于辅导员核心职业能力有统领的作用。处于辅导员职业能力体系中的各部分的职业能力，不是各自为阵地去完成板块式、片段化的职业任务，而是在核心职业能力的统领下，分工协作，密切配合，共同完成职业使命。所以说，辅导员核心职业能力表现出统领性的特征。

辅导员核心职业能力的统领性，是由它所承担的首要职责任务所决定的。辅导员核心职业能力是完成辅导员职业使命中核心的、最重要的部分所要具备的职业能力。因此，辅导员核心职业能力所承担的职责任务就成为其他辅导员职业能力完成职责任务的风向标，其他职业能力所完成的职责任务只不过是辅导员核心职业能力所完成的职责任务的补充。辅导员核心职业能力的统领性体现在两个方面：一是体现在它对其他辅导员职业能力的导向作用上，二是体现在它对其他辅导员职业能力的整体统筹作用上。

第一，辅导员核心职业能力对其他辅导员职业能力的导向作用，即它对其他辅导员职业能力完成职业使命的方向的把握。辅导员核心职业能力对通用职业能力的导向作用显而易见，因为通用职业能力是需要依托于一定的职业要求才具有实质意义的。正是通过辅导员核心职业能力的引导，通用职业能力才能服务于辅导员职业使命的履行。专项发展职业能力是辅导员未来职业发展可以拓展和深化的职业能力。一定程度上，每项专项发展职业能力都可以单独运行。但是，辅导员核心职业能力所具有的导向性，使其各项专项发展职业能力在完成岗位职责时都一致服务于辅导员职业的首要职责任务。正是因为这一特点，我国辅导员制度才能一直保持它的独特性，而不是复制国外的学生事务工作者制度。也就是说，辅导员履行诸如心理咨询、学业指导、就业指导、创新创业教育等职业任务，都是以服务于辅导员的首要职业使命为先决条件，是以辅导员核心职业能力完成的职业任务为参考的。为此，辅导员核心职业能力的统领性，就如同辅导员职业能力体系的车头，带领着其他辅导员的职业能力一起完成辅导员的职业任务。

第二，辅导员核心职业能力对辅导员其他职业能力整体统筹的作用，即它对辅导员其他职业能力完成职业使命时的力量聚集的作用。辅导员核心职业能力在实现对其他职业能力履行辅导员职业任务的方向的掌控，也是聚集这些职业能力完成职业任务的力量的过程。在此，主要是辅导员核心职业能力针对专项发展职业能力的力量聚集。辅导员核心职业能力本身并不能全部履行完成辅导员的职业任务，而是在它的统领作用下，发挥其他辅导员职业能力的协同优势，共同致力完成辅导员职业任务。正是基于辅导员核心职业能力的统领性，它聚合了其他辅导员职业能力的作用力，才坚守住了我国辅导员制度的独特性。其他辅导员职业能力除了完成各自的职业任务，要在辅导员核心职业能力的统领下，形成一致的力量，完成辅导员的职业使命。除此之外，通过发挥辅导员核心职业能力对其他辅导员职业能力的力量聚集作用，还能使其能量达到最大化。辅导员核心职业能力凝聚其他各个辅导员职业能力的力量。辅导员核心职业能力是辅导员职业能力体系的中心，它聚集其他辅导员职业能力的力量，并使之释放出更大的能量，充分彰显了其统领性的特征。

辅导员核心职业能力的统领性，使其在职业能力体系中具有"核心"地位，发挥核心作用。一名辅导员如若具备核心职业能力而欠缺专项发展职业能力，他照样可以胜任辅导员工作，能确保他对辅导员职业使命的实践、履行不偏离方向。如若一名辅导员不具备核心职业能力，即使他具备了专项发展职业能力，也仅仅是把握住了履行辅导员职业使命的枝节，而不能履行好辅导员职业的根本使命。辅导员核心职业能力就如同一位"首领"，领导着其他辅导员职业能力，指引着辅导员职业能力整体完成辅导员职业任务。

（三）不可替代性

不可替代性体现在辅导员核心职业能力的独特性和极端重要性上。与其他职业的核心职业能力相比较，辅导员核心职业能力表现出独特性，是不可被替代的。与其他辅导员职业能力相比较，辅导员核心职业能力表现出其地位的重要性，这也是不可被替代的。

第一，辅导员核心职业能力的独特性使其具有不可替代性。独特性是就辅导员核心职业能力与其他职业的核心职业能力相比较而言。企业也有核心能力。企业核心能力的一个典型特征也是不可替代性。为了能更好地理解辅导员核心职业能力的不可替代性特征，在此将辅导员核心职业能力与企业核心能力二者作对比。首先，企业核心能力的不可替代性与辅导员核心职业能力的不可替代性有着根本差异。所谓核心能力是指企业内部经过整合了的知识和技能，尤其是协调各方面资源的知识和技能。企业核心能力在技术方面，是协调整合多项技术和技能，衍生出本企业独具特色的系列产品；在组织层面，是企业在工程、营销、技术等环节的整体协同，形成企业文化。简言之，企业核心能力就是核心专长，集中体现于企业特有的产品、文化、价值观等，是相对于竞争对手而言所具有的独特能力。企业核心能力的形成是企业整合内部资源、知识、技能、文化等，并在实践中不断探索，不断进行有目的、有意识的叠加、整合、筛选、优化而形成的"能力中的精品"。也就是说，企业核心能力的产生是从"企业规范"到形成"能力集"，到最终形成"核心能力"的过程。企业核心能力一旦形成，该企业就有了独有的"产品"，就能在竞争中获得优势，且该核心能力很难被竞争对手复制或模仿，即使有朝一日被复制或模仿，也只是形似而非神似。可以看出，企业核心能力是被企业"生产"出来的，是企业为了获得社会竞争优势而形成的独创"产品"。所以说，企业核心能力具有不可替代性。然而辅导员核心职业能力却完全不同。辅导员核心职业能力是为了充分履行辅导员职业任务，是为了抓住辅导员职业任务的根本，是辅导员职业对其从业者的职业能力的内在要求。或者说，有了辅导员职业，就产生了辅导员核心职业能力的要求。辅导员核心职业能力是由辅导员职业任务直接决定的，不是"创生"出来的。因此，辅导员核心职业能力是不能借用其他职业的核心能力来代替的。反过来，其他职业，哪怕是与辅导员职业紧密相关的职业，其核心能力都不能取代辅导员核心职业能力。辅导员核心职业能力是辅导员职业所特有的职业能力，不可被替代。其次，企业核心能力的不可替代性与辅导员核心职业能力的不可替代性有着相似之处。企业核心能力所具有的"不可替代性"是相对于竞争对手而言所具有的独一无二的特性，辅导员核心职业能力的"不可替代性"也是相对于其他职业的职业能力而言的，二者都显示出本核心能力与其他的核心能力的不同与不可替代性。辅导员核心职业能力在辅导员职业标识上发挥作用，辅导员核心职业能力是辅导员职业任务所要求的职业能力，是与其他职业的核心能力不同的职业能力，它彰显出辅导员职业的独特性，也使辅导员核心职业能力具有了独特性和不可替代性。

第二，辅导员核心职业能力的重要性使其具有不可替代性。重要性是就辅导员核心职业能力与其他辅导员职业能力相比较而言。辅导员核心职业能力在辅导员职业能力体系中所具有的核心地位，决定了它对完成辅导员职业使命的高贡献度和凸显辅导员职业的专业性的高显示度。在辅导员职业能力体系中，辅导员专业职业能力是辅导员职业区别于其他职业在职业能力上的要求。辅导员专业职业能力又包括辅导员核心职业能力和专项发展职业能力。但是，这两项职业能力在履行辅导员职业使命中的贡献率不同，对凸显辅导员职业与其他职业间的区别的程度也有所差异。专项发展职业能力是辅导员结合自身职业生涯发展规划，有意识、有目的地拓展自己的职业能力，使辅导员在辅导员工作的某一特殊领域有比较专业化的发展。如果某辅导员不具备专项发展职业能力，并不会妨碍其辅导员职业任务的落实，至多只是使其在某一专项辅导工作上不够深入。与之不同的是，辅导员核心职业能力却是不可或缺的。一旦辅导员不具备辅导员核心职业能力，则该辅导员就不具备从事辅导员工作的任职资格，就不能担负起辅导员的职责。辅导员核心职业能力是辅导员的必备条件，不能用专项发展职业能力代替辅导员核心职业能力。辅导员欲履行辅导员职业使命，必须具备辅导员核心职业能力。因此，较之于辅导员专项发展职业能力，辅导员核心职业能力对辅导员完成辅导员职业使命有更高的贡献度。另外，辅导员核心职业能力也是辅导员职业区别于其他职业的重要标识，辅导员核心职业能力更能表现出辅导员职业的专业性特点。因为辅导员核心职业能力是为了完成首要的辅导员职责所必须具备的职业能力，它抓住了辅导员职业的核心使命，而专项发展职业能力却只能完成辅导员职业使命中的某些具体事项，不能成为区别辅导员职业与其他职业的标识。因此，辅导员核心职业能力与专项发展职业能力在区别辅导员职业与其他职业的辨识度的贡献率上也完全不同。辅导员核心职业能力既体现出辅导员职业的专业性，也彰显出辅导员职业与其他职业的差别。相对于其他辅导员职业能力，尤其是相对于专项发展职业能力，辅导员核心职业能力的重要性，决定了它较之其他辅导员职业能力所具有的价值性，也展现出它的不可替代性。所以说，从重要性上比较辅导员核心职业能力与非辅导员核心职业能力，更加能凸显出辅导员核心职业能力的重要价值，因而它具有不可替代性的特征。

二、高校辅导员核心职业能力的重要意义

职业能力是促进人的职业发展的重要因素。辅导员核心职业能力对于践行辅导员职业使命、提升辅导员队伍整体素质、增强辅导员的工作实效等都有着重要意义。

（一）有助于践行辅导员职业使命

践行辅导员职业使命的过程，就是辅导员开展本职业工作而发挥教育、管理、服务、咨询等职能的过程。从宏观上来讲，是辅导员按照"准备—实施—评估反馈"的过程开展辅导员的工作。从教育者与教育对象的角度来讲，是辅导员施教、学生受教的过程。以上这两种过程，勾勒出了辅导员履行职业使命的简单过程。但是，践行辅导员职业使命不是直接将上级部门的要求"转达"给学生，不是将具体的任务"分配"给学生，不是把理想信念等直接"讲述"给学生，而是要通过辅导员的实际工作，最终实现对学生心灵的塑造，对他们形成正确的"三

观"进行价值引导。践行辅导员职业使命不是命令式的、冰冷的线性任务布置，而是充满温情又不失严肃的心灵碰撞。这个过程，是辅导员与学生的双向互动过程，是二者的"心"与"行"融会交流的过程。为了分析的便利，暂且将辅导员与学生的双向互动过程简化为"辅导员的主观意识活动—辅导员的施教实践活动—学生的能动意识活动—学生的行为实践"的过程。实现辅导员职业使命的过程是非常复杂的过程，不仅各个要素会受到其他诸多因素的影响和干扰，实施过程的各个环节也会有很多不确定因素。这里只是为了分析的便利，而将之进行简化。此过程循环往复，辅导员的职业使命通过辅导员的日常工作得以转化为学生的思想信念、道德品质和行为习惯。

辅导员的主观意识活动是辅导员践行职业使命的前奏，它处于一种潜在状态。辅导员的职业使命开始践行，是在辅导员的施教实践活动阶段。在开展施教实践活动阶段，辅导员将践行职业使命的主观想法转化为实践活动。辅导员开展施教实践活动，是其职业能力的具体运用和展现过程。辅导员根据外在的教育要求，结合学生的实际情况，制定恰当的教育目标，有针对性地选取教育内容和教育方法，创设教育情境，这都是辅导员职业能力的体现。可以说，职业能力是职业使命得以践行的承载体。其中，辅导员核心职业能力对其职业使命的践行起着关键作用。在现实中不难发现，一名讲课水平很高的教师却不是一名擅长教育引导学生的辅导员，一名很干练的管理者却不能胜任辅导员工作。这是因为这些讲课水平很高的教师和干练的管理者不具备担任辅导员的核心职业能力，即使他们有很高水平的教学能力或有很高水平的管理能力，但若他们担任辅导员，却不能使辅导员职业使命得到较好践行。辅导员职业使命能否得到真正践行，关键在于辅导员是否具备核心职业能力。

（二）有助于提升辅导员整体素质

职业能力的强弱是从业者职业素质高低的直接体现。从业者的职业能力强，其职业素质就高。具备辅导员核心职业能力有助于提升辅导员队伍的整体素质，这不仅是由一般意义上能力之于素质的作用所决定的，还是由辅导员核心职业能力的特殊地位所决定的。

从辅导员岗位职责内容来看，辅导员核心职业能力承担的是首要的辅导员岗位职责内容，触及的是辅导员岗位职责的核心部分。从所处的地位来看，辅导员核心职业能力在整个辅导员职业能力体系中处于中心地位，对其他职业能力具有导向作用，具有不可替代性。所以，承载了辅导员职业所独有的专业理论知识和技能的核心职业能力，是辅导员职业能力标准中的核心内容，是展现辅导员职业规范的核心素质，是辅导员职业的专业性、自主性的集中体现，是辅导员职业素质的关键因素。这回答了一些高校辅导员职业的社会认可度一直徘徊不前、专业素质一直不高的问题，究其根源，在于这些高校往往只注重辅导员的事务管理能力，而没有抓住辅导员需要具备的核心职业能力，进而不能从根本上提升辅导员队伍整体素质。提升辅导员的核心职业能力，是提升辅导员队伍整体素质的关键路径。

第一，以提升辅导员的核心职业能力来提升辅导员队伍的专业化水平，促进辅导员队伍整体素质的提升。辅导员职业能力与辅导员专业化之间有着内在关联，专业化针对的是辅导员的职业能力。因为，辅导员专业化是依托专门的机构及终身专业训练体系，对辅导员进行科学的管理培养，使其掌握高校学生教育管理工作的知识和技能，实施专业自主，表现专业道德，提高自身的学术地位和社会地位，全面有效地践行岗位职责的过程。要达成辅导员专业化，要求辅导员掌握辅导员工作的专业理论知识，拥有在辅导员领域的专业自主，并有相当高水平的职业技能以践行辅导员的岗位职责，这恰恰就是对辅导员需要具备的核心职业能力的要求。反过来说，拥有核心职业能力，辅导员才能实现专业化发展。辅导员有了从业的专业化水平，辅导员队伍的整体素质自然而然就得到了提升。

第二，以提升辅导员的核心职业能力来推进辅导员专家化建设，进而促进辅导员队伍整体素质的提升。任何一个职业都有该职业的领军人物。领军人物是某职业从业人员素质的典型代表，也是某职业从业人员学习、模仿的对象和标杆，能够带动全体从业人员素质的提升。辅导员核心职业能力水平提升的过程，就是辅导员积累专业理论知识，在实践活动中模仿、运用技能，经过实践反思，创造性地运用专业理论知识和技能，获得在辅导员工作中的专业自主，形成独具特色的教育引导风格的过程。如此循环往复，螺旋式上升，从辅导员具备核心职业能力，到不断提升其核心职业能力水平，是辅导员逐渐成长为专家型辅导员的过程。提升辅导员核心职业能力，培养更多的专家化辅导员，在辅导员队伍中树立标杆，带领更多的辅导员积极投身到自身核心职业能力建设中，能从整体上提升辅导员队伍的职业素质。

（三）有助于增强辅导员工作实效

高校思想政治工作是一项战略工程、固本工程、铸魂工程。大学生思想政治教育质量关乎祖国未来发展大计。大学生的思想政治状况、道德品质、科学文化素质和健康素质如何，不仅直接关系现阶段中华民族的素质，而且直接关系未来中华民族的素质。特别是大学生思想政治素质如何，更是直接关系到党和国家的前途命运。要坚持把立德树人作为中心环节，把思想政治工作贯穿教育教学全过程，实现全程育人、全方位育人。大学生思想政治教育质量的高低，很大程度上影响着高校能否培养出全面发展的中国特色社会主义事业的建设者和接班人，能否培养出担当民族复兴大任的时代新人。提高大学生思想政治教育质量具有重大意义。

日常思想政治教育是大学生思想政治教育的主阵地，而辅导员又是大学生日常思想政治教育的骨干力量。虽然思想政治教育的有效性受到思想政治教育诸多要素的影响，但在整个思想政治教育活动中，思想政治教育者占有着主导性地位，发挥着主导性作用。思想政治教育者是思想政治教育活动的发动者、组织者和实施者，在其与教育对象的矛盾中居于矛盾的主要方面，是思想政治教育活动的"前喻主体"。然而，思想政治教育主体在思想政治教育活动中能否发挥主导作用，在思想政治教育活动中是不是有效的教育主体，不是由教育者这一身份所决定的，而是由思想政治教育主体的主体意识和主体素质所决定的。当然，在进入思想政治教育实践活动之前，政治素质、人格素质、理论素质只是以潜在的、准备的形态存在于教育者身上，只有在具体的思想政治教育实践中它们才能发挥现实的作用，而思想政治教育实践活动的开展及上述素质由潜在、准备形态向现实、效用形态的转化，必须依靠教育者从事思想政治教育的实践能力。也就是说，思想政治教育者具备从事思想政治教育活动的实践能力，将自身潜在形态的主体素质付诸思想政治教育实践活动，才能发挥教育者的主导作用，推进思想政治教育活动有效开展。

　　辅导员在大学生日常思想政治教育活动中的主导作用以及推进大学生日常思想政治教育活动的有效开展，同样依赖于辅导员的职业能力。因为，只有辅导员具备了从事大学生日常思想政治教育的职业能力，才能使辅导员潜在的政治素质、人格素质和理论素质转化成现实的思想政治教育实践行为。辅导员具备核心职业能力，表现在辅导员能在思想政治教育实践活动中对其他主体因素的充分调动与激活，使思想政治教育实践活动得以有效开展，使思想政治教育质量得到提升。简而言之，如果辅导员具备核心职业能力，就能有效地开展思想政治教育活动，实现思想政治教育质量的提升。如果不具备核心职业能力，就不能推进有效的思想政治教育活动，自然不能保证其思想政治教育的质量。所以说，辅导员核心职业能力是促进大学生日常思想政治教育质量提升的重要保障，是增强辅导员的工作实效的保障。

第三章 高校辅导员核心职业能力的提升途径

第一节 高校辅导员核心职业能力提升的基本原则

一、整体推进

世界上的万事万物都处于普遍联系之中，世界上的万事万物既作为个体事物存在，又作为普遍联系中的事物存在。虽然辅导员核心职业能力是辅导员群体所特有的职业能力，辅导员核心职业能力提升建设要遵从其独特性，但是又不能囿于辅导员核心职业能力，需要遵循整体推进的提升原则。遵循整体推进原则提升辅导员核心职业能力，除了保持辅导员核心职业能力内部的整体提升以外，还包括与辅导员核心职业能力之外其他相关因素的共同提升，至少表现在以下五个方面。

（一）辅导员核心职业能力系统内子能力的整体提升

将辅导员核心职业能力当作一个系统，辅导员核心职业能力整体提升首先表现在其系统的整体提升。其一，要提升辅导员核心职业能力系统内的各项子能力。辅导员核心职业能力由多项子职业能力构成，整体提升辅导员核心职业能力要以提升各项子职业能力为前提。只有各项子职业能力得以提升，方能支撑起辅导员核心职业能力的水平提升。所以，立足辅导员核心职业能力系统内提升其水平，第一要务是提升其内部各项子能力。其二，要实现辅导员核心职业能力系统内部各项子能力的协调提升。各项子能力之间相互影响、相互作用、相互支撑，共同构成了辅导员核心职业能力整体。所以，除了提升辅导员核心职业能力系统内的各个单项子能力外，还必须着力各个单项子能力之间的协同提升以发挥辅导员核心职业能力的最佳整体实效。整体大于其组成部分之和，预示着增强整体的效力要以发挥整体中的各要素的协同效应，而不是简单叠加整体中的各要素。整体提升辅导员核心职业能力，还需把控其各项子能力之间的提升水平高低、提升速率快慢的协调。总之，立足辅导员核心职业能力系统内部，单独提升各个单项子能力与协同提升各项子能力是遵循辅导员核心职业能力整体提升原则的两个表现方面。

（二）辅导员核心职业能力与非辅导员核心职业能力之间的协调提升

置于辅导员职业能力体系这个"大"系统，辅导员核心职业能力是其中的一项子能力。提升辅导员核心职业能力遵循整体性原则，少不了辅导员职业能力系统内的其他非辅导员核心职业能力的协同提升。因为，辅导员职业能力体系中的通用职业能力、专项发展职业能力和核心职业能力之间相互关联、相互支撑，其中，通用职业能力是核心职业能力的基础，专项发展职业能力是核心职业能力的重要补充。如若脱离通用职业能力的提升，辅导员核心职业能力则失去了基础和根基；如若脱离了专项发展职业能力的提升，辅导员核心职业能力则丧失了重要的支持。提升辅导员核心职业能力，不能局限于核心职业能力，而需着力于通用职业能力和专项发展职业能力的共同提升。整体提升辅导员职业能力，更有助于辅导员核心职业能力的提升。

（三）辅导员核心职业能力与个体综合素质的整体提升

核心职业能力水平是辅导员综合素质高低的重要表征，提升核心职业能力，能增强辅导员综合素质。综合素质的强弱反过来又影响着核心职业能力的水平，增强综合素质，可以进一步提升核心职业能力。辅导员核心职业能力与个体综合素质的协同提升，是遵循辅导员核心职业能力整体提升原则的又一方面。需要说明的是，这里的辅导员综合素质，是特指与辅导员职业相关的职业知识、职业情感、职业信念和职业行为等，不是广义上的理解。其一，积累扎实的职业知识，为增强辅导员综合素质奠定基础。积累扎实的辅导员职业知识，是多种形态职业知识的综合体。其二，形成丰富的职业情感，为增强辅导员综合素质提供润滑剂。增强辅导员的事业感，培养仁爱之心，养成责任感，练就成就感，是辅导员综合素质的重要组成部分。其三，铸牢坚定的职业信念，为增强辅导员综合素质提供保障，直接关系着辅导员的职业行为。其四，践行自觉的职业行为，是辅导员综合素质的直接体现。具备了职业知识、职业情感和职业信念，辅导员综合素质依然处于潜在状态。辅导员只有在职业知识、职业情感和职业信念支配下采取了相应的职业行为，方能谓之具备了综合素质。以上四方面形成的辅导员综合素质，为辅导员核心职业能力提升培植了"土壤"。遵循辅导员核心职业能力整体提升原则，不能忽略辅导员综合素质提升。

（四）辅导员核心职业能力提升与其运用系统的协同推进

提升辅导员核心职业能力贯穿整个职业生涯，不是一时功夫，而是一生之事；不是阶段性的跳跃式推进，而是连续性的持续推进；不是某一时间节点的要求而是整个职业生涯的需要。提升辅导员核心职业能力的全程式持续过程，需要辅导员队伍建设相关领域的协同配合。简单地说，提升辅导员核心职业能力，需要从运用辅导员核心职业能力的各个领域协同推进，在辅导员的职业准入、岗位考核、职位晋升等方面予以配合。辅导员核心职业能力提升是一个持续推进的过程，也是一个全面推进的过程。遵循辅导员核心职业能力提升的整体性原则，包括辅导员核心职业能力提升与其运用系统的协同推进。

（五）辅导员与其他主体协同作用的整体提升

在提升主体上，辅导员核心职业能力提升的整体推进则表现为辅导员与其他主体的协同作用。其他主体的最高层级是国家，通过营造社会舆论氛围为辅导员核心职业能力提升营造良好生态环境。其他主体的中间层级是高校，通过创设和谐校园文化为辅导员核心职业能力提升提供团队支持。辅导员个体是最低层级的主体，通过调动个体积极性为辅导员核心职业能力提升提供内在动力。辅导员核心职业能力提升的整体推进原则，表现在主体方面正是这些多主体协同作用的结果，进而共同推进辅导员核心职业能力提升。

二、突出特色

提升辅导员核心职业能力遵循突出特色原则，包含两层意思：一是坚守辅导员核心职业能力的独特性，二是凸显核心职业能力的辅导员个体特色。

（一）坚守辅导员核心职业能力的独特性

辅导员核心职业能力隶属于辅导员职业能力，它与非辅导员核心职业能力有共同之处，与一般意义上的职业能力也有相同之点。但是，辅导员核心职业能力有其突出特点。提升辅导员核心职业能力必须坚守其个性特色，凸显出对辅导员的思想政治教育引导和教化能力的培养，而不是对辅导员的其他职业能力的培养。否则，辅导员核心职业能力提升就会偏离方向，丢失核心要素。坚守辅导员核心职业能力的个性特色，重在把握住思想政治教育和日常思想政治教育对能力的鲜明要求。

第一，把握住思想政治教育对能力的鲜明要求。从表象上看，日常思想政治教育对学生的教育引导更显生活化和随意性，不如思想政治理论课对学生的思想政治观念教育那么具有显在性、理论性和系统性，但其核心和根本落脚点是一致的。所以，提升辅导员核心职业能力，是提升辅导员教育引导、教化学生思想政治观念的能力。也就是说，提升辅导员核心职业能力，要旗帜鲜明地凸显出辅导员开展思想政治教育的能力的提升。政治性是思想政治教育的根本属性，思想政治教育本身必须时刻注意讲政治，开展任何形式的思想政治教育，都必须坚持党性原则。因此，提升辅导员的核心职业能力，要运用马克思主义理论，必须坚持以社会主义发展为方向，以把握当代大学生思想政治教育最新特点为指引。遵循突出特色的提升原则，紧紧围绕思想政治教育对能力的鲜明要求，提升辅导员核心职业能力是提升他们教育引导和教化学生的思想政治观念的能力，是提升辅导员作为思想政治教育专业人员、学生的人生导师的能力水平，而不是提升他们作为学生事务工作管理者的能力水平。

第二，把握住日常思想政治教育对辅导员能力的鲜明要求。坚守辅导员核心职业能力的独特性，还要求辅导员核心职业能力提升要紧紧围绕日常思想政治教育对辅导员职业能力的要求。在此，以辅导员博士培养计划为例，说明辅导员核心职业能力提升如何凸显其日常思想政治教育对职业能力要求的独特性。辅导员博士培养计划在课程设置上有辅导员职业应用型课程，在培养过程中更注重对辅导员解决学生思想政治教育实际问题的指导和锻炼，在博士论文的选题上更偏向于选择大学生思想政治教育或者辅导员队伍建设的应用型研究课题。虽说高校的学生思想政治教育的主体都应当具备思想政治教育能力，但思政理论课教师侧重于思想政治教育的教学能力，党政干部则侧重于思想政治教育的谋划指导能力，辅导员则侧重于对学生的思想政治教育引导能力。所以，辅导员博士培养计划紧紧围绕培养适应辅导员职业需要的应用型高层次专门人才目标，侧重于辅导员的思想政治教育的应用能力培养，而不同于全日制的思想政治教育理论研究能力培养，突出了日常思想政治教育对辅导员职业能力的要求这一特点。在辅导员核心职业能力提升中，要紧紧抓住其开展日常思想政治教育中的思想政治教育引导能力的提升。只有针对辅导员开展日常思想政治教育，提高其必备能力，才是提高辅导员核心职业能力的有效途径。提升辅导员核心职业能力，坚守其独特性，遵循突出特色原则，需要把握住日常思想政治教育对辅导员核心职业能力的鲜明要求。

（二）凸显核心职业能力的辅导员个体特色

提升辅导员核心职业能力遵循突出特色原则，还体现在辅导员个体特色的凸显上。虽然每一名合格辅导员都具备教育引导能力，但是，他们所具备的教育引导能力绝不可能完全一致，而是千差万别，各有特点。辅导员各自核心职业能力的差异，源于育人工作的创造性。虽然合格辅导员都具备教育引导能力，但是只有那些具有辅导员个体特色的核心职业能力才是辅导员个体的自我实现层级的核心职业能力，才是个体最高水平的核心职业能力。如若辅导员们所拥有的核心职业能力都是同质化的教育引导能力，最终这种能力将演变成为一种可以不断复制和模仿的教育引导技能和经验。只具备教育引导技能和经验的辅导员只能算是基本胜任本职业的辅导员，而不能成为优秀辅导员。所以，提升辅导员的核心职业能力，重在突出辅导员的个体特征，培育辅导员个体特色化的核心职业能力，以最大限度增强辅导员个体的核心职业能力水平。

拥有个体特色的核心职业能力的辅导员，对学生的教育引导体现出较高的自由性和创新性。他们往往能够依据具体的教育问题和情境，把思想政治教育的理论知识、操作技能与自我的风格融为一体，按照自己的教育理念、个体性知识、实践智慧选择、设计和组织思想政治教育活动。辅导员可以根据实际情况对思想政治教育内容进行增补或删减，灵活选用思想政治教育的形式，自如掌控思想政治教育的进程，在开展学生思想政治教育中享有自主和自由。辅导员开展学生思想政治教育不再是照搬书本知识或某个理论，也不再一板一眼套用别人开展思想政治教育的既定程序，而是带着审视的眼光对思想政治教育进行调整、改革、创新，形成超越书本、超越其他辅导员、超越经验的惯常性做法，形成自己独特的思路和方法，表现出在教育引导方面的个人风格。辅导员自由地教育引导学生才能使其核心职业能力具有创新性，而辅导员创造性地对学生开展教育引导才能使其核心职业能力更具自由性，二者相辅相成，相互促进。辅导员能个性化其核心职业能力，最终实现其核心职业能力的个性化。自由性和创新性是培养有个体特色核心职业能力、提升核心职业能力水平的两个突出特点。凸显核心职业能力的辅导员个体特色，是辅导员核心职业能力提升遵循突出特色原则的又一方面。

三、融于实践

众所周知，任何一种能力的形成、展现和提升都是在一定的实践活动中得以完成的。提出遵循融于实践原则，不是为了强调辅导员核心职业能力提升建设不能脱离实践而空谈，而是为了突出辅导员核心职业能力提升建设只能在大学生思想政治教育实践活动中进行，不能在其他实践活动中提升辅导员核心职业能力。

提升辅导员核心职业能力遵循实践原则，具体要求有：第一，融入工作实践。辅导员核心职业能力提升只能在教育引导学生的实践活动中进行，一旦离开教育引导学生的工作实践，提升辅导员核心职业能力将是空谈。辅导员在意识层面认识到教育引导是辅导员工作的首要职责，认识到教育引导能力是辅导员核心职业能力，然而有部分辅导员在工作实践中却不断重复着事务性工作，不难想象，一直陷于事务性工作而不自知的辅导员要提升其核心职业能力，只能是幻想。通过辅导员培训提升其核心职业能力也是同样的道理。当职业培训只限于在课堂上对辅导员进行教育引导的理论灌输，只限于以旁观者身份观摩他人的教育引导活动时，辅导员顶多只是储存了、知晓了应该怎样进行教育引导学生的相关理论、知识、要求等，基本不会使其教育引导学生的水平有实质性提升。提升辅导员核心职业能力，必须融于辅导员对学生的教育引导实践活动之中，任何停留于口头上、头脑中、理论上的操练都是无效的。第二，立足工作实践。虽然辅导员开展的都是教育引导学生的活动，但辅导员面对的学生群体有着年龄、专业差异，还有各自学校的文化差别，这些现实问题都要求提升辅导员核心职业能力要立足"此时此地、此情此景"的教育引导实践活动。一方面，提升辅导员核心职业能力要依据辅导员的工作实际，着力于帮助辅导员解决思想政治教育工作中的实际问题。当前，网络思想政治教育已经自然而然地成为辅导员开展思想政治教育的重要内容之一，辅导员核心职业能力自然又新增了网络思想政治教育的"元素"。如果脱离辅导员的工作实际，所培养锻炼的教育引导能力则可能会因超前于辅导员的实际工作需要而不能充分发挥其作用，亦可能会因落后于辅导员的实际工作需要而不能胜任工作职责，都不是提升辅导员核心职业能力的最佳方式。提升辅导员核心职业能力的最佳方式是立足工作实践的培养锻炼。另一方面，社会各界要积极创造条件为辅导员核心职业能力提升铺平道路，主要是在高校层面要为辅导员核心职业能力提升营造良好制度环境、舆论环境，提供政策支持、人力支持和经费保障。第三，反映工作实践。辅导员核心职业能力的提升离不开教育引导学生的实践，反之辅导员核心职业能力水平又是教育引导学生的实践活动的反映。提升辅导员核心职业能力，不仅要适应教育引导学生的实践活动的实际需要，还要推进教育引导学生的实践创新。创新方有生命力，提升辅导员核心职业能力要不断创新其教育引导的方式、方法、载体等。只有不断创新，才能解决大学生思想政治教育中的新问题、新情况；只有不断创新，才能形成具有辅导员个人特色、个性特点的核心职业能力。真正适应教育引导实践的最新现实要求，推进教育引导的创新，辅导员核心职业能力才能达到新境界、最佳水平，才能实现辅导员核心职业能力水平的提升。融于工作实践、立足工作实践、反映工作实践，才能使其辅导员核心职业能力提升实践活动有载体、有前提、有发展，真正推进辅导员核心职业能力的提升。

融于实践是辅导员核心职业能力提升必须遵循的原则之一。提升辅导员核心职业能力遵循实践原则，还需在大学生思想政治教育实践中注意把握好两条规律。

一是在大学生思想政治教育实践中遵循"三因"规律以提升辅导员核心职业能力。"三因"即"因事而化、因时而进、因势而新"，是高校思想政治工作的重要规律，也理应是辅导员开展思想政治教育遵循的规律。因事而化，要求辅导员开展大学生思想政治教育时要具体问题具体分析，不能千篇一律，固化思维。只有依据具体问题，辅导员教育引导学生才有实效，方能达到增强教育引导能力的目的。因时而进，要求辅导员开展大学生思想政治教育时要与时俱进，能随着时代的不同，充分认识到自己所面对的教育对象的不同思想行为特点，进而采取不同的教育引导方式，以此提升教育引导能力。因势而新，要求辅导员开展大学生思想政治教育时要根据形势的发展变化而变革创新。辅导员在教育引导学生时紧紧围绕"事""时""势"，时时关注"事""时""势"，事事体现"事""时""势"，遵循大学生思想政治教育"三因"规律，也就是尊重大学生思想政治教育实践，以此提升其核心职业能力。

二是在大学生思想政治教育实践中遵循学生成长规律，以提升辅导员核心职业能力。高校思想政治工作必须遵循大学生成长规律，必须围绕学生、观照学生、服务学生。同理，辅导员开展大学生思想政治教育也必须遵循学生成长规律。大学生呈现出新特点，又承担着新任务。其一，他们是享受富足物质生活成长起来的一代，缺乏对前辈们在革命、建设和改革道路探索中的曲折与艰辛的真切感受，很难体会和理解支撑这些仁人志士不断前行的执着信念。同时他们又朝气蓬勃、好学上进、视野宽广、开放自信，在多元文化中，他们的成长更需要明确的思想引领和政治引导。其二，他们是伴随网络迅速发展而成长的一代。网络已成为他们的生活方式，对他们而言已是无人不网、无时不网、无处不网、无事不网。其三，当代大学生是我国实现"两个一百年"奋斗目标的见证者和参与者，他们的人生黄金时期刚好与我国实现"两个一百年"奋斗目标的时期相吻合。辅导员只有把握大学生的新特点，把准大学生成长规律，采取大学生易于接受、乐于接受的教育引导方式，才能增强大学生思想政治教育引导的针对性和实效性。遵循大学生成长规律，也是尊重大学生思想政治教育实践，辅导员应以此来提升自己的核心职业能力。

第二节　高校辅导员核心职业能力提升的条件保障

条件是影响事物发展的因素。提升辅导员核心职业能力需要有相应制度提供保障，有职业文化提供精神动力，有主体参与推动落实，从外向内分别构成辅导员核心职业能力提升建设的硬件条件、软件条件和主体条件。

一、体系化的制度条件

制度不仅为辅导员核心职业能力提升建设提供保障，还为其指明建设方向。制度是辅导员核心职业能力提升建设的硬件条件。体系化制度是指那些有助于辅导员核心职业能力提升的系统化制度，其中包括辅导员选聘、考核、管理、晋升等规定对其核心职业能力的、具有一致性的制度。

制度是建立秩序的保证，它在一切活动、组织、事务中都是不可或缺的条件之一。辅导员核心职业能力提升建设需要通过制度使之得以长期贯彻落实。没有体系化制度建设保障，辅导员核心职业能力建设难免会表现出随意性、临时性、不规范性。

体系化制度建设至少包括三方面，即为人们的某项活动提供一定的规则、原则，设定这些活动规则或原则的运作程序或操作方法，协调与之相关的多项制度的运行与实施。因此，某些零散的规定、条款、措施不是制度，只是构成制度的要素；零散的规定、条款、措施的累加也不是制度化，制度的完整性和操作性是制度化必须包含的要件；多项制度相加也不是体系化制度，确保制度之间的协调运行、建立健全的运行机制是体系化制度建设必须包含的内容。辅导员核心职业能力提升建设的体系化制度条件，包括完整的基本制度、可操作性制度和实施运行制度。

创设辅导员核心职业能力提升的制度条件，首先要建立完整的基本制度。一方面，关于辅导员职业能力的每一项制度的自身构成要完整，制度内部的各要素要相互制约、互为补充。另一方面，与辅导员职业能力相关的各项制度之间的标准、原则、要求、主旨目标要一致，制度之间要相互配套，相互衔接，相互支撑，不能自相矛盾、相互抵触。每一项制度聚焦的中心内容各不相同，这些制度的叠加并不能构成体系化制度。只有当这些制度之间相互衔接，成为一个有机统一的整体，才能算是促进辅导员核心职业能力提升的体系化制度。提升辅导员核心职业能力，提升辅导员的教育引导能力水平，除了在辅导员队伍建设文件中对教育引导能力有所规定外，还应建立与之配套的辅导员选聘制度。事实上，要提升辅导员核心职业能力，需要将对辅导员核心职业能力的要求贯穿辅导员准入、培训、考核、晋升等各个方面。或者说，要建立集辅导员准入、培训、考核、晋升等各个方面前后衔接、左右联动、上下配套、系统集成的制度体系，从每一个方面都展现出对辅导员核心职业能力建设的共同目标、统一要求和一致准则，为辅导员核心职业能力提升明确建设方向、提供建设保障，构建起辅导员核心职业能力提升建设的制度条件。

创设辅导员核心职业能力提升的制度条件，其次是要建立具有可操作性的制度。一项完整的制度，不仅体现在规定"是什么"上，还体现在规定"怎么做"上，前者重在制度规定的合理性，后者重在制度规定的有效性。其中，"是什么"的制度是基本制度，"怎么做"的制度是可以指导实际操作的制度。解决制度设计的可操作性问题，需要充分预计到可能出现的针对制度的各种"对策"，因此需要预先制定出针对这些可能的"对策"的预防措施和解决措施。建立具有可操作性的制度需要解决两个矛盾问题：一是制度具有稳定性，但时代变化、社会变迁往往会提出许多新要求，建立实际可操作性的制度需要处理稳定性与时代性的矛盾；二是制度具有普遍性，但各所高校、各个地区的辅导员工作各不相同，建立具有可操作性的制度需要处理普遍性与特殊性的矛盾。上述矛盾的存在，对制定具有可操作性的制度提出了难题。提升辅导员核心职业能力，除了已经颁布的文件对辅导员的教育引导能力的要求外，还亟须建立有关辅导员的教育引导能力的建设、考核、运用等方面的具有可操作性的制度。制定了有关辅导员的教育引导能力的基本要求的制度，关键在落实上，解决"最后一公里"问题，而落实辅导员的教育引导能力建设又主要依靠能够实际操作的制度。只有细化、量化政策措施，制定相关配套举措，方能推动各项政策落地、落细、落实。

创设辅导员核心职业能力提升的制度条件，还要建立与之配套的运行保障制度。体系化的制度还包括那些保障制度得以实施的制度。也就是说，体系化制度除了包括制定"是什么"的制度和"怎么做"的制度外，还要制定与这些制度配套的组织制度、监督制度和保障制度。与之配套的组织制度、监督制度和保障制度可以统称为运行保障制度。没有运行保障制度的监督，其他制度就很有可能成为摆设。要鼓励和支持一批骨干长期从事辅导员工作，向职业化、专家化方向发展。在提升辅导员核心职业能力的制度建设中，只有建立相应的运行保障制度，才称得上建立了提升辅导员核心职业能力的体系化制度，才为辅导员核心职业能力提升创设了制度保障。

二、职业化的文化条件

辅导员文化为其核心职业能力提升创设软件条件。通常来讲，辅导员文化由辅导员精神文化、制度文化和环境文化构成，其中精神文化是辅导员文化的核心和灵魂。创设职业化的文化条件，主要是创设以辅导员职业精神为主的文化条件，为辅导员核心职业能力提升建设提供精神力量。

（一）辅导员职业精神对提升其核心职业能力具有独特作用

精神就是动力，精神就是力量，理论一经掌握群众，也会变成物质力量，理论力量就是精神力量。人有了精神动力，才能推动行动发展。职业精神是精神的一种，对从业人完成职业使命、承担职业任务、提升职业素质能力能够给予正向推动力量。职业精神是指人们基于职业理性认识基础上对职业所持的一种价值取向以及行为表现，是人们对职业责任、职业使命、职业理念的深刻理解，是其在职业理想支配下形成的职业态度及职业操守。职业精神源于职业要求，是职业对从业者意识层面要求的反应。一旦形成特定的职业精神，就会在无形中引导从业者树立执着的职业理想、职业追求，以高度敬业的职业态度追求职业事业，推动着从业者自觉提升职业素质和职业能力。辅导员的职业精神，主要指辅导员对其职业所蕴含的职业道德、责任要求和职业意义的认知和认同，以此作为自己的价值追求和从业准则，热爱辅导员这项工作，能以高度的热情、坚定的信念与坚强的意志，采取有效的行动来践行职业责任，履行职业义务，追求职业成功。辅导员职业精神，表现为精深的思想理论教育和价值引领素质，为教育事业献身的精神，为培养中国特色社会主义事业建设者和接班人的使命精神。辅导员职业精神对其核心职业能力提升具有独特作用，因为提升辅导员核心职业能力，需要以辅导员的职业认同、职业情感、职业信念、职业理想为内在推动力，而辅导员职业认同、职业情感、职业信念、职业理想的形成，都以辅导员的职业精神为前提。

培育辅导员职业精神，为推进辅导员核心职业能力提升创设"软环境"，在四个方面发挥着不可替代的作用：其一，辅导员职业精神对促成其核心职业能力提升具有团队凝聚作用。辅导员职业精神能够使辅导员个体对自身的职业使命、职业追求和职业目标等达成共识，从而使辅导员个体提升其核心职业能力成为一种共同愿望和行为。其二，辅导员职业精神对促成其核心职业能力提升具有规范和导向作用。辅导员职业精神为推进辅导员群体健康发展建立了一套价值观念和规范体系，将外在的辅导员职业任务和要求转化成了辅导员职业文化场。在辅导员职业文化场中，辅导员教育引导学生的行为符合辅导员职业精神要求，这些教育引导行为将被强化，其核心职业能力水平得以提升。当辅导员的核心职业能力水平较低，不能满足辅导员职业精神要求时，辅导员职业精神将引导辅导员个体按照辅导员职业精神要求进行塑造，提升其核心职业能力。其三，辅导员职业精神对促成其核心职业能力提升具有自我激励作用。辅导员职业精神通过辅导员所持职业价值观的内化及浓烈的职业文化氛围，实现对辅导员个体的自我约束和自我管理。在辅导员职业文化场中，为获得一席之地，场域内的辅导员会按照辅导员职业精神要求塑造自己，敦促自身形成教育引导学生的自觉行为，进而成为提升辅导员核心职业能力的强大推动力。其四，辅导员职业精神对促成其核心职业能力提升具有持续推动作用。辅导员职业精神使辅导员群体成员从内心产生强大的事业心和高尚的职业理想，推动着辅导员积极提升其核心职业能力，且这股推动力具有作用力大、持续时间长、潜隐而不会被排斥的特点。辅导员职业精神在提升核心职业能力方面具有独特作用，使之成为提升辅导员核心职业能力建设的文化"软"条件。

在辅导员工作实践中，客观存在着辅导员职业精神不明和不准的现象。现实中，人们认为辅导员工作就是"看守"学生，没有职业含金量，也不需要专业知识和专业技能，更没有辅导员职业精神可言，这是辅导员职业精神不明的现象。也有人认为辅导员职业精神是管理精神和服务精神，辅导员就是管住学生、为学生的学习及生活起居服务，这又是对辅导员职业精神的认知误解。认为辅导员工作没有职业精神可言，在此文化影响下，辅导员工作演化为简单重复劳动，无需专业知识和专门技能，则没有提升职业能力的必要，自然也就没有提升辅导员的教育引导能力的危机感和必要性。认为辅导员职业精神是管理精神和服务精神，在此文化影响下，提升辅导员职业能力就会只侧重于管理能力和服务能力的提升，而忽视辅导员的教育引导能力的提升。因此，创设辅导员核心职业能力提升建设的文化"软"条件，需要扫除辅导员职业精神不明和不准现象，正确理解辅导员职业精神。

（二）创设辅导员核心职业能力提升的文化条件

为辅导员核心职业能力提升创设文化条件，要有意识培育和塑造辅导员职业精神，因为辅导员职业精神不可能自发形成。就本质而言，辅导员职业精神是一种职业认知的价值倾向；就实践表现而言，辅导员职业精神是一种自觉行为表现。鉴于当前人们存在对辅导员职业精神的认知偏差，培育辅导员职业精神需要使之显性化。培育辅导员职业精神，只靠辅导员自己去体悟职业精神是远远不够的。培育辅导员职业精神，首先需要明确化、显性化辅导员职业精神。要总结凝炼辅导员职业精神，并大张旗鼓地进行宣传，使辅导员职业精神得到广泛弘扬，并使之深入人心；也可以通过选树辅导员职业精神"代言人"，使辅导员职业精神更趋具体化、形象化，树立广大辅导员学习的榜样。显性化辅导员职业精神，有利于形成社会认可，促成辅导员正确感知，强化辅导员职业文化场。培育辅导员职业精神，其次需要培养辅导员的职业认同。职业认同是辅导员职业精神培育的前提。辅导员对本职业的目标、社会价值的悦纳，是辅导员职业精神培育的起点。再次，培育辅导员职业精神需要辅导员提升其专业自主水平。专业自主是辅导员职业精神培育的重点，因为专业自主将要求转变成了需求，将任务升华成了使命，将职业发展从外在客体模式转变成内在自我主导模式。最后，培育辅导员职业精神，还需要辅导员树立职业理想。职业理想是辅导员职业精神培育的目标。如果把辅导员职业仅仅当作是维持生计的途径，工作的创造性和能动性就会受到抑制，难以形成职业精神；如果把辅导员职业当作理想，当作人生追求，工作便会闪耀职业价值的灵动。以辅导员职业精神为主的文化条件是提升辅导员核心职业能力建设的软件条件，较之体系化的制度条件，前者是隐性的"软"条件，后者是显性的"硬"条件。

三、协同化的主体条件

主体条件是提升辅导员核心职业能力建设的内在条件。一体化制度条件和以职业精神为主的文化条件都是为辅导员核心职业能力提升创设外在条件，落实辅导员核心职业能力提升建设，是践行者的直接推动。为此，提升辅导员核心职业能力还需具备主体条件。协同化的主体条件表明有多个主体条件，且这些主体条件之间需要形成合力。提升辅导员核心职业能力建设的主体包括国家、高校和辅导员。

（一）国家、高校和辅导员三个层次的主体条件

从涉及辅导员核心职业能力提升建设的主体类型而言，有国家、高校和辅导员三个从宏观到微观的主体。立足于此，提升辅导员核心职业能力建设的主体协同则是这三类主体对辅导员核心职业能力提升所持的

思想观念一致。形成提升辅导员核心职业能力建设的统一思想观念，主要体现在这三个主体都始终围绕辅导员职业使命要求和辅导员职业角色定位，一致认同将对学生进行思想政治教育引导作为辅导员核心任务。

国家是宏观层面的辅导员核心职业能力提升建设的主体条件，是基础。国家通过制定政策对辅导员核心职业能力提升进行顶层设计，提供政策指导。为此，国家层面对辅导员核心职业能力的认识和理解对辅导员核心职业能力提升建设具有至关重要的作用，直接决定着辅导员核心职业能力建设的方向。一直以来，国家都高度重视辅导员的核心职业能力建设，也一直将辅导员作为大学生思想政治教育的主干力量，并对辅导员的任职条件、职责任务、选拔培养、考核晋升、职业发展、工作保障等多方面予以明确规定，致力不断提升辅导员的思想政治理论素养和教育引导能力，致力不断推进辅导员的职业化、专业化和专家化建设。

高校是中观层面的辅导员核心职业能力提升建设的主体条件，是关键。高校是上级教育部门颁发的政策意见的执行者，是学校教职员工工作的指导者，起着承上启下的作用，发挥着桥梁纽带功能。在辅导员核心职业能力建设中，高校的作用至关重要。如若高校领导坚决执行上级教育部门颁发的有关辅导员建设方面的政策文件精神，创造性地推进辅导员建设，则该高校的辅导员队伍建设一定具有特色，辅导员的核心职业能力水平也能得到提高。如若高校领导不重视上级教育部门颁发的有关辅导员建设方面的政策文件精神，不能摆正辅导员的角色定位，则会对该校的辅导员建设造成极大障碍，提升辅导员核心职业能力就不能成为现实。因此，高校领导的思想观念是影响辅导员队伍建设、辅导员核心职业能力提升建设的关键因素，高校是辅导员核心职业能力提升建设的关键性主体条件。

辅导员是微观层面的辅导员核心职业能力提升建设的主体条件，是根本。辅导员核心职业能力的提升，能在多大程度上得到提升，除了国家和高校两个主体积极配合外，重在辅导员的主观参与。辅导员的自主性，辅导员对自身角色的定位是其核心职业能力提升的内动力。如果辅导员将自己定位为学生的"保姆"、学校的勤杂工，那么他会有意无意地消解自己的思想政治教育者身份。如果辅导员将自己定位为学生的"人生导师"和"知心朋友"，是学生成长路上不可缺少的引航人，那么他会调用一切资源对学生进行教育和引导，会对自身的核心职业能力不断提出高标准和新要求，自然会激发他们进行自身核心职业能力提升建设的动力，促进其核心职业能力提升。

一般来讲，三个层次的主体条件中处于宏观层面的国家主体条件对辅导员核心职业能力建设的指导不会出现偏颇。在辅导员核心职业能力提升建设中的主体协同，主要是中观层面的高校和微观层面的辅导员与宏观层面的国家保持一致，尤其需要增强高校决策者和领导者对辅导员专业化、职业化的价值认同，准确领会、把握上级精神，为辅导员履行思想政治教育者职责、提升思想政治教育引导能力创造良好的环境和氛围，提供实质性的支持和帮助，真正发挥这个关键主体条件的作用。

三个主体条件在对辅导员核心职业能力提升建设的思想观念出现不一致，主要是由于三个主体之间利益不均衡。统一国家、高校和辅导员三个主体对辅导员核心职业能力提升建设的思想观念，重在取得三者在各自利益之间的平衡。马克思主义认识论告诉人们，人的思想观念源于社会实践活动，总是与人的具体利益紧密相连。因此，统一国家、高校和辅导员在提升辅导员核心职业能力建设上的思想观念认识，要在三者之间均衡其利益，以降低或是消除因利益博弈而导致的认识不统一。

（二）辅导员是核心职业能力提升建设的根本性主体条件

在三大主体中，辅导员是核心职业能力提升建设的根本性主体条件，有必要再深入进行剖析。之所以要特别突出辅导员在核心职业能力提升中的这一主体条件，是源于三个方面的原因：一是源于辅导员是核心职业能力的承载者和展现者。不管辅导员之外的其他主体付出多少努力，辅导员核心职业能力的提升最终都只能依靠辅导员自身来完成。因此，辅导员核心职业能力提升需要发挥辅导员主体的能动作用。二是源于提升辅导员核心职业能力是一项实践活动的客观事实。实践活动是人的内在主观意图的外在化、现实化，实践活动是人的主观意志的反映，说明了实践承载着能动意义上的主体性。提升辅导员核心职业能力这一项实践活动，辅导员是参与者，是这项实践活动的主体。推进辅导员核心职业能力提升建设的这项实践活动，就是不断展现辅导员内在主观意图的过程。提升辅导员核心职业能力，自然离不开辅导员的参与，是辅导员自主性的体现。三是源于对提升辅导员核心职业能力的反思。在推进辅导员核心职业能力提升建设上，不论外界给予多大的支持和努力，若没有辅导员主体的参与，其效果是可想而知的。因此，在辅导员核心职业能力提升建设中，辅导员这一主体条件是根本性的。

创设辅导员主体条件，重在辅导员的职业理想、职业进取心和职业创造力三方面。一是职业理想。理想是未来有可能实现的奋斗目标，它在鼓舞人们不断前进、克服困难、勇敢拼搏中有巨大的能量。古今中外，凡是对人类社会做出贡献、有一定影响力的人，无不具有明确的理想。在选择职业时，应该遵循的主要指针是人类的幸福和自身的完美，人们只有为同时代人的完美、为同时代人的幸福而工作，才能使自己也达到完美。辅导员树立职业理想，并未要求如同伟人一般在人类社会中做出卓越贡献，而是一直站在培养社会主义事业建设者和接班人的高度来审视自己的工作，坚守作为辅导员肩负的育人重任和使命担当。二是职业进取心。进取心是提升辅导员核心职业能力建设的又一主体条件表现之一。辅导员保持职业的进取精神，不满足于自己思想政治教育引导能力的现有状态，不断追求自我超越，不断突破，方能推进其核心职业能力的提升。三是职业创造力。教育引导学生是一项创造性工作，辅导员没有一定的创造性，难以引导和教化学生。要提升教育引导能力，也必须具备创造力。提升辅导员核心职业能力，就是辅导员在原有教育引导能力水平之上进一步地提高和增强，创造力是辅导员必备的主体条件。

第三节　高校辅导员核心职业能力提升的路径选择

一、系统化培养增强教育引导的说服力

提升辅导员核心职业能力，增强教育引导的说服力是首要目标。增强辅导员的教育引导的说服力，要以系统化培养为依托夯实辅导员理论功底。提升辅导员核心职业能力，系统化培养是根本路径。

（一）有说服力的教育引导是辅导员核心职业能力提升的根本

增强教育引导的说服力，明确了辅导员核心职业能力提升的目标方向。有说服力，是提升辅导员的教育引导能力的首要目标。增强思想政治教育工作的着力点和有效性，在于思想政治教育的说服力，说服力是思想政治教育工作是否有效的中心，是思想政治教育工作者的工作能力水平高低的直接体现，是衡量思想政治教育工作者的工作能力水平高低的标尺。在一定程度上可以说，增强思想政治教育能力的过程，就是增强思想政治教育的说服力的过程。进一步增强辅导员开展思想政治教育引导的说服力，是提升辅导员核心职业能力的目标。聚焦辅导员教育引导学生的说服力，明确了辅导员核心职业能力提升的努力方向。

增强教育引导的说服力，把握住了辅导员核心职业能力提升的关键。说服教育是各行业思想政治工作条例的重要内容，有时也将说服称为疏导。思想政治教育的说服，简单通俗地讲是通过摆事实，讲道理，晓之以理，动之以情，持之以恒，导之以行，其中"理"是说服的前提。也就是说，辅导员的教育引导是否具有说服力，首先取决于辅导员所传播的理论、观念、思想本身是否具有说服力，即辅导员所传播的理

论、观念、思想本身是否具有彻底性，是否能经受实践考验而具有客观真理性，是不是时代精神的体现等。在辅导员教育引导学生的实践中，辅导员需要传播给学生的理论、观念、思想本身都是真理，其真理性、说服力一直客观存在着，并不因辅导员的工作能力水平高低而受到任何影响。但是，要把这些理论、观念、思想所具有的说服力变为现实，需要辅导员有较高的教育引导水平。此时，辅导员的说服力会对这些理论、观念、思想本身的说服力产生重要影响。若辅导员的说服力低，就不能展示出这些理论、观念、思想本身的真理性，甚至还有可能引起学生对思想政治教育的反感和抵触。若辅导员的说服力很强，则这些理论、观念、思想本身的真理性会得到很好的传播，学生能享受到辅导员的正确引导和教化，实现思想政治教育的目的。因此，说服力水平高低决定着辅导员对学生的思想政治教育引导的效果。增强教育引导的说服力，就把握住了提升辅导员核心职业能力的关键点。提升辅导员核心职业能力，要以增强说服力为中心。

（二）通过系统化培养提升辅导员核心职业能力

辅导员教育引导学生的说服力以深厚的理论功底为支撑。深厚的理论功底，是辅导员的看家本领。辅导员核心职业能力的理论功底即掌握马克思列宁主义、毛泽东思想、邓小平理论、"三个代表"重要思想、科学发展观和习近平新时代中国特色社会主义思想，关键在于能够利用马克思主义基本原理和贯穿其中的立场、观点、方法去解决学生的思想问题和实际问题。要增进说服力，增强思想政治教育引导能力，积累理论功底，辅导员要不断学习。除了自主学习外，系统化培养是必然之路。

系统化培养辅导员是指对全体辅导员进行全面系统的长期培养教育。需要说明的有两点，一是此处的系统化培养不包含辅导员攻读博士培养计划，二是此处的系统化培养是针对当前的辅导员培训而言的。系统化培养并不是要完全抛弃现有的辅导员培训，现有辅导员培训在岗前培训、专题培训中仍有它的优势和可取之处，要继续保持。要在现有辅导员培训基础上，着手开展系统化辅导员培养，让辅导员能学、真学、长期学、全面学、深入学。

通过系统化培养辅导员以提升其思想政治教育引导能力，关键在于抓好课程化培养和体系化培养两方面。第一，以课程化培养夯实辅导员的思想政治教育引导的理论基础。理论是系统化的知识，是体系化的知识。要不断为辅导员的思想政治教育引导储备理论知识，为辅导员提供系统化的理论知识学习，以课程化方式进行培养，在培训目标、课程规划、教材建设、培训规划等方面构成一个"共同体"。相对于现有辅导员培训，课程化培养更有系统性、稳定性、科学性、正规性，更有助于提升辅导员的思想政治教育引导能力。第二，以体系化培养提升辅导员的思想政治教育引导的层次水平。体系化培养突出的是系统化的培养，不是细枝末节的、零散性的培训。首先，在培训方法方面，是理论培训与实践培训的融合。知识培训主要通过理论教学等途径获得，但职业技能、职业情感培训除了靠培训教师晓之以理、动之以情外，还主要通过实践体验激发情感而获得。其次，在培训组织形式上，采用集中学习和分散学习的形式。集中学习是最快捷、最高效的培训学习方式，但鉴于培训资源有限以及辅导员的学习时间限制，可采用集中学习与分散学习相结合的方式。每名辅导员每年集中系统学习一次，其余采取分散学习方式。再次，在培训目标上是层次性的，在培训内容上是体系化的。在培训目标设置上，不能简单根据辅导员的工作年限提出相应目标，而要根据辅导员实际的工作能力水平设置层次性的培训目标。针对新上岗辅导员和初级辅导员的培训，着重在于引导他们认识辅导员工作的价值和意义，培育辅导员工作的职业意识。对中级辅导员的培训，重在引导他们突破瓶颈，培育新的思想政治教育引导的增长点。针对高级辅导员，重在培养他们解决复杂问题、探寻规律、理论研究的能力。在培训内容的设置上，针对不同层次的辅导员，初级辅导员培训主要是设置基础的、实用的内容；中级辅导员培训主要是设置与他们工作需要和自身发展相关的内容，既要有理论高度，又要有实用性；高级辅导员培训主要需要设置研究、探讨的课题供大家交流学习。从广义上来划分，培训内容的设置要融合辅导员职业知识技能的显性培训和职业情感的隐性培训。一般而言，辅导员职业知识和职业技能的培训内容是不会被忽略的，但职业情感的培训往往容易被忽视。因此体系化培养的培训内容设置，应当包括职业知识、职业技能，以及职业认同感、职业荣誉感、职业信念感、职业事业感等职业情感。

通过系统化培养路径，不断夯实辅导员的马克思主义理论功底，增强辅导员把马克思主义理论当作方法论来运用的本领，以增强辅导员对学生的思想政治教育引导的说服力为中介，能够达到提升辅导员核心职业能力的目的。增强说服力，能够使辅导员的教育引导更具深度和力度，其核心职业能力水平因此而得以提升。

二、常态化研究增强教育引导的影响力

提升辅导员核心职业能力，增强其教育引导的影响力是重点。增强辅导员的教育引导的影响力，要以常态化研究工作实践推进辅导员对学生的思想政治教育引导的创新发展，拓展思想政治教育引导的影响范围、影响深度、影响时效。推进辅导员开展常态化工作实践研究，是提升辅导员核心职业能力的重要路径。

（一）有影响力的教育引导是辅导员核心职业能力提升的重点

影响力关涉辅导员的教育引导的影响范围、深度、时效，是提升辅导员核心职业能力的重点。辅导员教育引导的影响力来自两个方面，分别是权力影响力和非权力影响力。前者是由辅导员的职业角色从"行政"上赋予其教育引导的影响力，具有强制性，是外在的影响力，该影响力是表面的、浅层次的、短暂的。后者是由辅导员的德性、知识、艺

术等综合素质给予其教育引导的影响力，是内在的影响力，该影响力是内在的、深层次的、持久的。提升辅导员核心职业能力，是通过增强其非权力影响力来实现的。增强辅导员教育引导的影响力，能够从对学生的影响内容、受影响学生数量、受影响时效方面达到提升辅导员核心职业能力的效用。

增强辅导员教育引导的影响力，以满足学生成长成才需求而达到提升辅导员核心职业能力的效果。从满足学生成长成才的实质需要角度来看，辅导员的核心职业能力水平的高低与是否能满足学生成长成才需求直接相关。辅导员的核心职业能力水平越高，对学生的教育引导越有效，越能满足学生成长成才的需要。反过来，辅导员对学生的教育引导越有效，影响力越大，对学生的成长发展越有帮助，体现出辅导员的核心职业能力水平越高。提升辅导员核心职业能力，要增强其教育引导的影响力，尤其是对学生成长成才需求满足的影响力。

增强教育引导的影响力，以惠及更广大的学生群体实现辅导员核心职业能力提升。从教育引导的影响面来看，受到影响的学生越多，则教育引导的影响力越强，其核心职业能力水平越高。之所以有广泛的学生能受到辅导员的教育引导，当然不是辅导员通过做苦工对学生进行一一劝说达到的效果，也不是辅导员采用网络方式遍地撒网、蜻蜓点水地广而告之更大范围的学生而抬升其影响力，而是有更大范围的学生自觉信服于辅导员的教育引导。简单地讲，对辅导员的教育引导发自内心自觉信服的学生越多，该辅导员的教育引导影响力越强，则其核心职业能力水平越高。因为辅导员对学生的教育引导的影响范围，是辅导员对学生教育引导规律探索效果的反映。个体掌握的规律与其能力之间有着内在逻辑联系。不论做什么事，如果不懂得那件事的情形、性质与自身以外的事情的关联，就不知道那件事的规律，就不知道如何去做，就不能做好那件事。遵循规律，能提升能力，扩大影响力。违背规律，会削弱能力，缩小影响范围。只有遵循规律、运用规律，才能事半功倍。辅导员掌握教育引导的规律，扩大教育引导的影响范围，才能实现其核心职业能力的提升。

增强辅导员教育引导的影响力，以发挥更持久的做功时效，实现辅导员核心职业能力提升。这种影响力还体现在辅导员教育引导的做功时效上。很显然，辅导员教育引导的做功时效越长，则其影响力越大，辅导员核心职业能力水平就越高。从教育引导的做功时效角度，也说明教育引导的影响力是辅导员核心职业能力水平的体现。

（二）通过常态化研究增强辅导员核心职业能力

辅导员教育引导学生的影响力依赖于创新思维。创新是一个民族的灵魂，也是思想政治教育生命所系。思想政治教育实践没有止境，创新也永无止境。辅导员要教育引导学生，唯有创新，才能赋予教育引导以生命与活力，才富有影响力。要增强辅导员教育引导的影响力，提升其思想政治教育的引导能力，需要训练其创新思维，加强研究，将学生思想政治教育研究日常化、通俗化，即辅导员要投入大学生思想政治教育研究中，且时时、事事、处处以做研究的心态开展思想政治教育。常态化研究是增强教育引导影响力、提升辅导员核心职业能力的动力之源。

以常态化研究提升辅导员思想政治教育引导能力体现了辅导员研究的日常化和大众化特点，与通常意义上的理论研究有明显差异。辅导员积极开展常态化研究，要在树立研究意识、寻找研究对象、在确立研究方法上下功夫。

第一，辅导员常怀一颗探究之心，树立研究意识。意识是先导，对行为有指导作用。要将研究常态化，需要辅导员常怀一颗探究之心，有强烈的问题意识。不管怎样，在学生思想政治教育实践中时时处处客观存在着问题，而能否发现和确认问题是主观的，能否揭示具体问题背后隐藏的一般性矛盾和规律是主观的，能否将现实的问题推演至理论向度也是主观的，需要辅导员有问题意识，有发现问题的"眼睛"。

第二，辅导员善于抓住关键问题，开展有价值的研究。问题无处不在。除了善于发现问题、具有研究意识外，辅导员更要有关于问题的"质量意识"。要善于抓住大学生思想政治教育工作中那些新问题、真问题、大问题。辅导员善于抓住关键问题进行研究，就抓住了带有普遍性问题的研究，就能掌握思想政治教育中带有规律性的问题，自然能增强辅导员的教育引导影响力，进而提升其核心职业能力。

第三，辅导员坚持以实践为导向，用研究指导工作。研究的问题主要来自两个方面：一是来自实际工作中的现实问题，二是来自学理探究的学术问题。前者主要涉及对辅导员工作和大学生思想政治教育实践中的实际问题的研究，后者主要涉及学理层面的抽象问题研究。毫无疑问，辅导员开展研究主要是关于前者的研究，这与辅导员工作的基层性有关。辅导员与纯粹的理论研究者不同，辅导员研究的聚焦点往往来自其开展工作的实践需要。辅导员研究的目的是指导工作实践，不是为了研究而进行理论抽象。辅导员的研究工作往往存在于日常思想政治教育实践中，与工作实践紧密相连。只有认真研究解决重大而紧迫的问题，才能真正把握住历史脉络，找到发展规律，推动理论创新，坚持问题导向，也就是要实事求是，把握实践导向。辅导员聚焦大学生思想政治教育工作实践问题进行研究，可以把准工作实践中的问题脉搏，助力教育引导，增强其影响力，提升其核心职业能力。

借助常态化研究路径，训练辅导员的创新思维，锻炼辅导员的创造能力，让辅导员在教育引导学生的工作实践中学会创造性转化，使自身的教育引导对学生的成长成才发挥切实效用，让更广泛的学生得到更深层次的、长效的教育引导，以增强辅导员教育引导的影响力。增强影响力，辅导员的教育引导更具广度，有利于实现其教育引导的提升。所以，常态化研究是辅导员核心职业能力提升的重要路径。

三、开放化融合增强教育引导的聚合力

思想政治教育是为了统一思想、凝聚力量，辅导员对学生的教育引

导也需要聚合力量以增强其能量。增强辅导员的教育引导的聚合力，要以开放的姿态向多方借力。辅导员融合借力是提升其核心职业能力的又一路径，能为其提供保障。

（一）有聚合力的教育引导是辅导员核心职业能力提升的保障

思想政治教育是为了统一思想，凝聚力量。思想政治工作从根本上说是做人的工作，必须围绕学生、关照学生、服务学生，不断提高学生思想水平、政治觉悟、道德品质、文化素养，让学生成为德才兼备、全面发展的人才。辅导员对学生的教育引导，就是要统一学生的思想，汇聚学生的力量，培育学生践行社会主义核心价值观，将学生思想统一到建设中国特色社会主义事业上来。实现对学生思想的统一，对学生力量的凝聚，辅导员在教育引导学生时也要善于汇聚多方面力量实现这一目标。辅导员能协调、调用、汇集多方力量教育引导学生，则能更好地统一学生思想，更强地汇聚学生力量。辅导员汇聚教育引导学生的多方力量越大，展现出来的教育引导的能量就越大。提升辅导员的教育引导能力，增强其对教育引导的聚合力是比较重要的一方面。增强辅导员教育引导的聚合力，是提升辅导员核心职业能力的保障性途径。

（二）通过融合借力提升辅导员核心职业能力

融合借力的首要问题是向"谁"借力的问题。借力的对象可以多种多样，从横向上，可以是不同领域或者是同一领域的对象；从纵向上，可以是处于不同时间段的对象；从层次上，可以是不同层次级别对象。思想政治教育是那些相互作用的基本要素所进行的一项实践活动，可是思想政治教育的各个基本要素本身都无法进入实践状态，只能借助一定的载体才能进行，载体成为开展思想政治教育的关键。辅导员要在教育引导学生的实践活动中融合借力，也着重体现于其在思想政治教育实践中充分借用现代媒体以增强教育引导的能量。借力现代媒体作为思想政治教育载体，可以为辅导员教育引导学生汇聚力量，促成辅导员核心职业能力水平提升。有聚合力的教育引导，能够使辅导员的核心职业能力更具厚度。开放化融合之路，是辅导员汇集教育引导合力之路，是提升其核心职业能力水平的保障之路。

四、个性化发展增强教育引导的吸引力

在一定范围内，达到自主化是一个人能力发展的最高水平。自主化也即高度的个性化。虽然辅导员工作有职业规范的"共性"要求，但提升其职业能力水平更需要凸显其"个性"。彰显辅导员教育引导学生的能力的个性特色，可以大幅提升辅导员核心职业能力吸引力，使辅导员核心职业能力更有气度。提升辅导员核心职业能力，辅导员的个性化发展是关键路径。

（一）有吸引力的教育引导是辅导员核心职业能力提升的关键

辅导员教育引导学生的吸引力，是辅导员开展思想政治教育的关键。提升辅导员核心职业能力，增强辅导员教育引导学生的吸引力是其中非常重要的一方面。辅导员对学生的思想政治教育引导有统一要求，都要求他们开展政治引导、思想引领、教育感化。合格辅导员都能开展政治引导、思想引领、教育感化。进一步讲，展现一名辅导员的核心职业能力水平，重在如何将政治引导、思想引领和教育感化与学生"具体实际"的贴合。若能完成贴合，且贴合恰当适度，辅导员的思想政治教育引导就能吸引学生，辅导员的核心职业能力水平就高。反之，则不能吸引学生，不能很好地完成对学生的思想政治教育引导，其核心职业能力水平就不够高。为此，提升辅导员核心职业能力，辅导员需在贴合学生"具体实际"的能力上下功夫。也就是说，提升辅导员核心职业能力，是在辅导员具备"一般"要求的教育引导能力基础上，提升他们将政治引导、思想引领、教育感化的"一般"要求贴合学生"具体实际"的个性化能力。

较强的个性化能力增强了辅导员在开展思想政治教育引导时对学生的吸引力，进而实现其核心职业能力水平的提升。因为，辅导员教育引导学生的吸引力可以引起学生的情感共鸣，让学生深受感化。辅导员教育引导学生的吸引力越强，则教育引导学生的效果越明显，说明其核心职业能力越强。进一步增强辅导员开展思想政治教育引导的吸引力，促进辅导员个性化发展，是提升辅导员核心职业能力的关键。

（二）通过个性化发展提升辅导员核心职业能力

辅导员教育引导学生的个性化能力直接决定着其教育引导的吸引力。提升辅导员核心职业能力，增强其教育引导对学生的吸引力，应以凸显辅导员的个性魅力为中介。需要指出的是，这里的"个性"不是心理学意义上的个人的各种稳定而独特的心理特征，而是指辅导员个性化的教育引导能力，旨在突出辅导员教育引导能力的独特性。辅导员个性化的教育引导，仍然离不开其教育引导学生的综合素质。辅导员综合素质的强弱是其个性化教育引导的基础，辅导员具备个性化教育引导的能力是以较强的综合素质为前提的。增强辅导员的综合职业素质，以此促进辅导员教育引导学生的个性化发展，提升其核心职业能力，具体体现在职业知识、职业情感、职业信念和职业行为的个性化发展上。

第一，积累扎实的职业知识。扎实的职业知识是增强辅导员职业素质的基础。根据职业知识的获取途径不同，可以分为直接职业知识、间接职业知识和内省职业知识。通过接受辅导员培训、从书本上学习而得来的职业知识是间接职业知识；由辅导员在工作实践中学到的职业知识是直接职业知识；由辅导员对前两类职业知识的反思而得到的职业知识是内省职业知识。相比较而言，后两种职业知识更能显示出辅导员教育引导学生的个性化特点。根据职业知识的存在形态不同，有显性职业知识和隐性职业知识之分。显性职业知识是那些能够用书面文字、图片、符号等呈现出来的职业知识，隐性职业知识是辅导员通过身体的感官或理性的直觉而获得的职业知识。缄默知识支配着人的认识的整个过程，是人们获得显性知识的向导，能为人们的认识活动提供最终的解释性框架和知识信念。所有的显性知识都植根于缄默知识，显性知识的增长、应用和理解也都依赖于缄默知识。相比之下，隐性职业知识更能展现辅导员教育引导学生的个性化特点。促进辅导员职业素质提升，积累多种形态职业知识是基础，其中尤其不能忽视那些彰显辅导员个性化特质的职业知识积累。

第二，形成丰富的职业情感体验。丰富的职业情感是增强辅导员职业素质的润滑剂。辅导员职业情感是辅导员对本职业能否满足自身职业需求的稳定态度体验。只有高级层次的职业情感方能成为辅导员职业素质的组成部分，至少包括：其一，事业感。将辅导员职业作为人生的追求，表现出强烈的事业心和责任感。对于有事业心的辅导员而言，辅导员工作不再是谋生的手段，而是一种价值生存方式，使辅导员工作不再是机械重复经验而是到处充满创新。其二，有爱心。在辅导员教育引导学生的过程，是辅导员传"道"和学生知"道"、悟"道"、信"道"、行"道"的过程。辅导员有爱心，学生"亲其师"方才"信其道"。其三，责任感。强烈的责任感，促使辅导员时刻站在国家发展的角度，竭力为培养中国特色社会主义事业建设者和接班人而努力奋斗。其四，成就感。有成就感的辅导员对辅导员职业充满自信，对自身价值充分肯定。总结起来，辅导员的职业情感是丰富多彩的，是多种高级情感的交织与融合。丰富的职业情感，是辅导员职业素质的重要组成部分，是促进辅导员的个性化教育引导能力的重要职业素质。

第三，铸牢坚定的职业信念。坚定的职业信念，是增强辅导员职业素质的保障。职业信念是职业情感的升华，又直接关乎职业行为，是辅导员职业素质不可缺少的构成内容，也是辅导员提升个性化教育引导能力不可缺少的职业素质。

第四，自觉践行职业行为。自觉的职业行为是增强辅导员职业素质的直接表现。辅导员实施了相应的职业行为，方能谓之具备了职业素质。职业行为是辅导员素质的最终体现，是辅导员综合自身的职业知识、职业情感和职业信念而对学生实施教育引导的具体表现，是辅导员的个性化教育引导能力的直接体现。实现辅导员个性化发展，形成个性化教育引导能力，自觉践行职业行为是根本。

在辅导员职业素质提升中点亮其教育引导学生的个性特色使之具有吸引力，进而达到提升辅导员核心职业能力的目的。增强吸引力，使辅导员的教育引导更有气度，其核心职业能力水平因而得以提升。个性化发展是提升辅导员核心职业能力的关键之路。

第四章　高校辅导员队伍建设综述

第一节　高校辅导员队伍建设的含义与目标

高校辅导员队伍建设作为一项特殊的社会实践活动，有其内在的理论品质和运行规律，需要不断归纳、总结和凝练。加强对高校辅导员队伍建设的内涵解析和理论探讨，是推进高校辅导员队伍建设的立足点和出发点。

一、高校辅导员队伍建设的含义

关于高校辅导员队伍建设，目前学术界还没有一个公认的定义。这从某种意义上讲，是新时期高校辅导员队伍建设在理论研究方面存在不足的具体表现。为此，探讨高校辅导员队伍建设含义、明确队伍建设目标、把握队伍建设的原则、研究队伍建设内容和创新队伍建设途径，是加强高校辅导员队伍建设理论探索的逻辑起点，也是加强高校辅导员队伍建设的内在要求。

（一）高校辅导员队伍建设含义的演变

为了科学界定高校辅导员队伍建设的含义，有必要对辅导员队伍建设含义的演变进行系统的研究。对相关政策和理论文献进行研究，关照新时期高校辅导员队伍建设的现实境遇，借鉴并汲取其研究的理论成果，是探索并定义高校辅导员队伍建设的基础环节。

1. 党和国家政策文件关于高校辅导员队伍建设含义的表述

改革开放以来，高校辅导员队伍建设相关的政策文件较多，但都没有对高校辅导员队伍建设的含义进行明确界定。不过，目前关于高校辅导员队伍建设的相关政策文件蕴含了高校辅导员队伍建设的含义，对科学界定高校辅导员队伍建设含义具有重要价值。

高校辅导员队伍建设，就是指通过配备选聘、培训培养、管理考核、发展保障等措施，促进辅导员队伍整体或个体素质和工作水平不断提高的社会实践活动。该定义是基于高校辅导员队伍建设运行过程或建设的措施、方法层面而言的，有其科学合理的一面，但是还不够全面深刻，带有一种自上而下的、依靠组织推动才得以加强的意蕴，因此需要继续从理论的层面进行研究。

2. 学术界对于高校辅导员队伍建设含义的贡献

随着高校辅导员队伍专业化、职业化和专家化建设逐渐成为辅导员理论研究的热点之后，有学者指出辅导员队伍专业化建设是"依据辅导员的职责任务要求，以及承担的'大学生健康成长的指导者和引路人'的重大使命，依托专门机构及终身培训、学习、训练体系，对辅导员进行科学的管理和培养，增强职业情感，实施专业自主，促进专业发展，培育专业伦理，提高教科研水平，提升专业地位与声望，全面有效地履行辅导员职责，引导辅导员向专家化方向发展的过程"[①]。这一论述从专业化的角度进行了定义，对辅导员队伍建设含义的解析变得更加丰富和完整，内容更加清晰和明了，是研究辅导员队伍建设含义的一大突破，但表述上显得略为冗长和复杂，需要继续深入研究。

（二）高校辅导员队伍建设的含义解析

分析和探讨新时期高校辅导员队伍建设的含义，需要对高校辅导员的含义进行必要的分析，才能更好地厘清高校辅导员队伍建设的含义。

1. 辅导员的含义

高校辅导员，是指在高校党委领导下，在院系一线从事大学生日常思想政治教育和管理工作，以提高大学生的思想政治素质和身心素质、

① 唐家良. 高校辅导员队伍专业化建设与成长［M］. 北京：现代教育出版社，2008.

促进大学生全面发展、推进高校发展以及维护高校稳定为目的，具备较高专业素质的在编从业人员。具体分析如下：

首先，从高校辅导员组织属性的角度分析。高校辅导员是"在高校党委领导下开展工作"。与国外学生事务管理者（Counselor）相比，我国高校辅导员具有鲜明的中国特色，深深烙上"思想政治教育"的属性。我国高校人才培养的本质要求是培养中国特色社会主义事业的建设者和接班人。从这个意义上讲，设置高校辅导员是党和国家巩固党的群众基础和执政根基的重要举措。

其次，从高校辅导员工作属性的角度分析。高校辅导员的工作是在一线开展大学生日常思想政治教育和管理工作。辅导员是高校学生日常思想政治教育和管理工作的组织者、实施者和指导者。大学生思想政治教育是一门科学，既需要系统的思想政治理论课的课堂教育，又需要通过实践活动将思想政治教育的理论知识转化为大学生理想信念和行为取向。这就好比自然科学除了专业课堂教学之外，还需要学生走进实验室进行实践操作，才能更好地获取科学文化知识一样。改革开放以来，部分高校曾一度存在着轻视或忽视思想政治教育的倾向，认为辅导员工作含金量不高，作用价值不大，以至于全社会关心、支持大学生思想政治教育的合力尚未形成。实际上，高校辅导员是大学生思想政治教育主阵地的核心力量。从这个角度讲，高校辅导员是高校思想政治理论教学中的实验课教师，在大学生思想政治教育的价值实现中扮演着不可或缺的重要角色。

再次，从高校辅导员价值属性的角度分析。高校辅导员主要通过开展大学生思想政治教育和日常管理工作提高大学生的思想政治素质和身心素质，服务于学生的专业学习和学校的发展与稳定。

一是高校辅导员能帮助大学生在复杂多变的现实环境中健康成长、顺利成才。随着改革开放的不断深入、国际国内形势的深刻变化，大学生的生活受到了深远的影响。高校辅导员长期生活在一线、工作在基层，与大学生保持亲密的接触和紧密的联系，可以及时了解和掌握学生的思想动态和行为举止，通过发挥辅导员的专业特长与技能，可以有针对性地实施因材施教、分类指导，有效解决大学生学习生活中的困难，为大学生的健康成长铺平道路。

二是高校辅导员能对大学生的成长产生潜移默化的影响。由于高校辅导员与青年学生接触时间最长、交往最多，辅导员的工作态度、行为举止、人格魅力无不对大学生产生最为直接的影响，可谓"一个好的辅导员会影响一批学生的未来"。相反，如果高校辅导员工作不深入、不到位，不仅会影响学生当前的学习和今后的发展，而且会诱发或激发学生对辅导员的不满情绪，进而很可能转化为对学校、对社会的不满。从这个角度讲，高校辅导员是学校的一张珍贵的"名片"，其工作效果会产生一定的"马太效应"，这对于促进学校的发展、维护学校和社会的稳定具有举足轻重的作用。

三是辅导员有助于推动学校发展，维护学校稳定。辅导员通过开展深入细致的教育、管理与服务工作，促进大学生全面发展，对于实现高校人才培养的功能做出了积极的贡献。当前大学生思想活动的独立性、选择性、多变性和差异性日益增强，辅导员工作的基层性使辅导员能够第一时间了解学生的思想动态和行为举止，将一些可能潜在的隐患扼杀在摇篮之中，维护学生安全和学校稳定。因此，高校辅导员具有较高的价值属性，不可或缺且不可代替。

最后，从高校辅导员职业属性的角度分析。高校辅导员是通过从事复杂的体力和脑力劳动，获取一定的薪酬，以维系和满足自身或家人生存发展需要的一种职业。从这个角度讲，辅导员应当是高校内部通过劳动获得社会地位和政治地位的有固定收入的从业人员。"辅导员是高等学校教师队伍和管理队伍的重要组成部分，具有教师和干部的双重身份"已经得以明确。那种随便什么人都能胜任辅导员工作的观念正在高等学校改革发展进程中被逐步扭转。专职为主、专兼结合的高校辅导员队伍的建构模式已成时代主流。这一职业不再是可有可无，而是广大辅导员值得终身从事、大有可为的理想职业。一类职业理应有其特有的专业门槛和职业准入体系。当前，以思想政治教育为主的相关专业应作为职业准入内在的专业底线。思想政治教育是一门科学，只有从业人员具备了开展大学生思想政治教育的理论基础，才能更好地胜任其本职工作。

2. 辅导员队伍建设含义

高校辅导员队伍建设，是指高校等有关组织遵循辅导员成长及其职业发展客观规律，通过提高思想认识、加强领导管理、改进方法措施等组织推动和自身能动，提高辅导员素质，优化队伍结构，增强其育人功能的有意识的社会活动。该定义包含以下六个要点。

一是明确了高校辅导员队伍的建设者。这既包含了高校辅导员队伍建设三个层面的组织——国家、地方等高等教育主管部门和高等学校，又包括高校辅导员队伍自身。之所以强调国家、地方等高等教育主管部门，是因为从宏观的层面上讲，国家教育主管部门是高校辅导员队伍建设的立法机构，具有决策、导向和监督的重要职责。地方教育主管部门是高校辅导员队伍建设中介于国家和高校之间的纽带，负有宣传、组织并实施国家关于高校辅导员队伍建设政策的功能，同时应兼具向上反馈、建议，对下指导、监督等作用。高校是辅导员队伍建设最直接的组织者、实施者，是辅导员队伍建设的执行层。国家、地方的各项政策的正常落实，关键在于高校，同时高校也是辅导员队伍建设最直接的受益者。根据主体间性理论，高校辅导员队伍自身也是队伍建设的主体，只有充分发挥辅导员自身的主观能动性，才能更好地发展自己，进而推动队伍整体素质的全面提高。

二是提出了高校辅导员队伍建设应遵循的基本原则。高校辅导员队伍建设应遵循辅导员成长及其职业发展客观规律。从微观层面讲，高校辅导员队伍建设是为了提高辅导员个体的素质和能力，促进辅导员全面发展。辅导员的培养教育，既遵循人才培养的一般规律，又有其内在的本质要求和特殊的职业发展要求。从宏观层面讲，辅导员队伍建设要从思想、组织制度和能力等方面加以建设，以提升辅导员素质和能力，不断满足和适应大学生思想政治教育的根本需要。因此，加强辅导员队伍建设应当按照辅导员自身需求和工作实际，有针对性地实施培养和教育，这需要按照辅导员的成长及其职业发展的客观规律采取有效措施。

三是提出了高校辅导员队伍建设的措施、方法和途径。组织推动，需要建设主体转变思想观念、提高思想认识，高度重视辅导员队伍建设，为其提供政策导向、制度保障、人力支撑和经费支持等。同时，组织需要采取有效措施解决辅导员队伍建设中选拔、培训、发展、管理、支撑和评价等环节中存在的实际困难，有效推动辅导员队伍建设。自身能动是指高校辅导员在组织推动的背景下，需要充分发挥自身的主体性，按照建立学习型组织和学习型社会的根本要求，自觉主动地结合辅导员工作的实际需要，进行自主学习、自我开发和自我超越，不断提高大学生思想政治教育和管理的能力及工作水平。组织推动和自身能动二者相辅相成，共同作用，才能更好地促进辅导员队伍素质的整体提高。组织推动是外因，是新时期加强和改进大学生思想政治教育的必然要求，是辅导员队伍建设得以实现的核心要素。自身能动是内因，辅导员在组织推动的前提下，唯有将辅导员工作视为自己生命的一部分，作为一项可以终生从事的事业来对待，才能更好地扮演好辅导员角色，从而自强不息、奋发进取。

四是明确了高校辅导员队伍建设的目的。加强辅导员队伍建设的目的是提高辅导员素质，优化队伍结构，增强其育人功能。其中，提高辅导员自身素质是队伍建设的基本要求，没有辅导员个体素质的明显提高，就无法实现队伍结构的优化，增强育人功能便无从谈起。优化队伍结构是辅导员队伍建设的关键环节，结构决定功能，合理的队伍结构是辅导员个体功能价值最大化的基本保证。增强辅导员队伍的育人功能是辅导员队伍建设的根本目的。要通过队伍建设提高辅导员的素质和能力。在优化队伍结构的基础上，辅导员能够更好地发挥大学生思想政治教育和管理的育人功能，更好地促进大学生的成长成才和全面发展。

五是指明了辅导员队伍建设是一项有意识的社会活动。活动由目的、动机和动作构成，具有完整的结构系统，而过程是指事物发展所经过的程序。辅导员队伍建设是一项复杂的系统工程，有特定的目标、原则、内容、方法以及对策和措施，从建设的运行程序上讲，包含了队伍的选拔、培训、发展、管理、支撑和评价环节，共同组成了队伍建设的开发体系。由此可见，高校辅导员队伍建设更侧重于有意识的实践活动，而不是一个简单的建设过程。有意识的社会活动阐释了高校辅导员队伍建设的利益关系。加强高校辅导员队伍建设能够实现高校、辅导员队伍和大学生多方共赢的良好局面。因为，学校投入辅导员队伍建设将促进辅导员队伍素质能力的提高，增强育人功能，提高人才培养质量；人才质量的提高反过来又将推动高校的发展。

六是整个定义关照了核心"建设"的本质意蕴。"遵循辅导员成长及其职业发展客观规律"需要在坚持与时俱进的基础之上补充高校辅导员队伍建设的相关内容，如随着网络技术的发展，一些关于辅导员队伍建设新的制度或政策将不断扩充和创建。同时，"素质提高""结构优化"和"增强育人功能"回应了"从无到有的创建"以及"对已有对象的补充、完善、巩固和提高"的基本含义。

二、高校辅导员队伍建设的目标

紧密结合党的教育方针和高校人才培养的根本要求，不断满足高校辅导员队伍成长和发展的内在诉求，应当明确高校辅导员队伍建设的目标。高校辅导员队伍建设的目标，是指采取有效措施，建设一支数量充足、结构合理、素质过硬的辅导员队伍，以满足一定时期内大学生日常思想政治教育和管理工作需要，以及能够为推进高校改革与发展、维护高校和社会稳定做出巨大贡献的辅导员队伍。

（一）数量充足

数量充足，是高校等辅导员队伍建设组织通过切实采取有效措施，严格按照教育部的规定，配满配足一线专职辅导员，适量补充兼职辅导员，以保证队伍成员在数量上能满足正常开展大学生日常思想政治教育的现实需要。教育部关于不低于 1：200 的师生比是经过国内思想政治教育专家和教育部等领导共同研究得出的科学论断，具有一定的科学性和合理性，是当前和今后一段时间内专职辅导员数量配备的红线。

随着高等学校自主办学权力的日益加强，高校领导、人事部门和学生工作部门应该根据教育部《普通高等学校辅导员队伍建设规定》中一线专职辅导员师生比不低于 1：200 的要求配备辅导员，以保证高校辅导员队伍的人员数量。当前，部分高校辅导员人员数量配备不足，是对大学生成长和辅导员队伍发展重视不够的表现，这既不利于高校对青年学生的培养和教育，也不利于高校辅导员自身健康发展。因此，高校领导应从党和国家关于人才培养质量的战略高度和以人为本的辅导员队伍建设理念，高度重视高校辅导员队伍的配备，并采取有效措施补充新的人员，以满足教育部对辅导员队伍配备的基本要求。

保证高校辅导员的数量需要明确的内容有：第一，教育部在配备比例中强调的是"专职辅导员岗位"的比例是不低于 1：200，这个比例和数字必须保证和落实。第二，高等学校应充分考虑本校学生群体的实际情况，根据教育对象的学科差异合理设定高校辅导员的岗位编制。一般而言，由于重点本科院校、普通本科院校和高职高专院校的学生素质存在一定的差异，应依次减少辅导员负责的学生人数，适当增加辅导员的编制，例如，应适当减少艺体类等专业的辅导员负责的学生数量。第三，兼职辅导员应作为对专职辅导员队伍的补充。"专兼结合、以专为主"的辅导员队伍建制模式已成为辅导员队伍建设的时代主流。兼职辅导员主要是由高校专业教师、职能部门教师或返聘离退休教师组成，由于现在高校教师工作压力、学习压力和科研压力都相对较大，离退休教师的体力有限，兼职辅导员在某种层面上不能全身心地投入大学生日常思想政治教育和日常管理工作之中。因此，兼职辅导员不适宜负责太多的学生，高校应在考虑办学成本的情况下设置必要的兼职辅导员，但是一般情况下，兼职辅导员负责的学生人数不应超过 100 人。

确保辅导员的数量，关键是解决编制的问题。因此，各省市和高校在制定高校辅导员队伍发展规划之际，应使辅导员的数量需求与学校学生发展规模相适应，科学设置辅导员岗位，保证辅导员队伍的数量能满足辅导员队伍建设和大学生日常思想政治教育和管理工作的需要。

（二）结构合理

高校辅导员队伍结构，是指队伍内部全体成员的性别、年龄、学历、专业、职称等个体要素特质排列、组合与搭配的逻辑关系、运动方式和存在形态。高校辅导员队伍结构直接影响其功能发挥，关系到高校人才培养的效果和质量。优化高校辅导员队伍结构，既需要在高校辅导员队伍建设的过程中通过科学的选拔、系统的培训和科学的管理等措施加以改善，同时又需要辅导员充分发挥自身的主体性，不断提高思想道德素质、专业知识素质和身心素质，以保证辅导员队伍的性别、年龄、学历、专业、职称等结构的科学性和合理性。

1. 性别结构

高校辅导员队伍性别结构从范围上讲，主要包括国家、省市和高校三个层面男女辅导员的比例和相互关系。相对而言，男性和女性之间在生理、心理和智力等方面各具优势，因此组建一支性别结构合理的辅导员队伍能更好地发挥辅导员队伍的育人功效。优化高校辅导员队伍的性别结构，需要在分析现有队伍男女比例的基础上，在选聘辅导员时将性别作为选拔指标之一，通过对新进辅导员男女比例的控制，逐步调整和优化辅导员队伍的性别结构。一般情况下，辅导员男女比例应控制在4：6之间较为适宜。但这一范围还需根据学校性质、教育对象男女比例和便于开展大学生日常思想政治教育和管理工作的实际需要进行适当调整。

2. 年龄结构

年龄结构，是指辅导员队伍中不同年龄阶段人员之间的比例构成和相互关系。年龄不仅是辅导员生理和心理素质成熟的重要标志，也是评价辅导员经验和能力的重要参数，它关系到辅导员队伍的功能发挥和协调发展。一般情况下，年长的辅导员见多识广、经验丰富、办事稳重，但是由于生理成长规律的制约，与中青年辅导员相比，他们在体力、精力、接受新事物和工作创新等方面略显不足。年轻辅导员易于接受新鲜事物、勇于创新、精力旺盛，但是存在工作经验欠缺、思想不稳、办事易冲动等不足。中年辅导员更多地集二者的优势于一身，是高校辅导员队伍中的中坚力量。根据人才学的基本观点，合理的年龄结构，应该是一个具有老、中、青合理比例的梯形模式。优化高校辅导员队伍的年龄结构，需要形成一支老中青数量比例依次递增的辅导员队伍，形成一个三角形的年龄结构模式。其中，老年辅导员应发展成为队伍的核心领军人物，占少数；中年辅导员应成为队伍的骨干力量，数量居中；青年辅导员应成为队伍的生力军和先遣部队，数量居多。充分发挥三者各自的优势和特长，既有利于大学生成长成才，又有利于辅导员个体成长进步和队伍可持续发展。

3. 学历结构

学历结构，是指高校辅导员接受正规教育的年限和层次，具体包含了专科及以下、本科和研究生学历结构。相对而言，高学历、高学位的辅导员更有利于高校人才培养。因为，高学历高学位的辅导员接受事物快、创新意识强、科研能力强，能让大学生产生一种学术和知识上的敬畏，有助于开展辅导员工作。优化高校辅导员队伍的学历结构，既需要在辅导员招聘中提高辅导员学历学位方面的职业准入门槛，着力引进高学历高学位的毕业生，又需要通过继续开展辅导员攻读硕士学位、博士学位等学位提升计划加以改善。高校辅导员应在组织推动的作用下，紧紧抓住继续学习和深造的机会，充分发挥自身主观能动性，在专业知识，学历学位方面能有新的突破和质的飞跃。合理的学历结构，应是研究生学历的辅导员为主导，其中，具有思想政治教育相关专业博士学位的辅导员应占有一定的比例，硕士学位辅导员居于主流位置，本科学历的辅导员比例逐步降低。随着高等教育事业的发展，专科生将逐渐被淘汰。现实之中，高校辅导员队伍的学历学位结构受高等学校的性质、地理位置、经济收入和政策保障等因素所影响。因此，优化辅导员队伍的学历学位结构，需要高等学校加大投入，营造良好的外围环境，通过吸纳人才和继续教育等途径加以改善，逐步优化辅导员队伍整体的学历学位结构。

4. 专业结构

专业结构，是指高校辅导员个体最高学历专业背景之间的差异在队伍中所表现的组合比例。由于社会分工和经济结构的细化，不同专业和学科之间的分化与相互融合日益显著。由于种种历史原因，高校辅导员队伍的专业结构极其复杂，不同专业背景的辅导员从某种意义上讲，或许有利于对不同专业学生的学业指导，但复杂多样的专业背景恰恰也是高校辅导员队伍专业化、职业化和专家化发展的瓶颈所在。根据高校辅导员的工作职责和时代使命，高校辅导员主要承担着大学生日常思想政治教育和管理的责任。因此，合理的专业结构应是以思想政治教育及其相关专业为主体，其他相关学科专业背景的人员作为队伍的有益补充的建构模式。

一方面，具有思想政治教育相关专业背景的辅导员比例太小，不利于队伍建设和高校人才培养。职业成熟的重要标志之一是拥有专业的科学知识体系。囿于当前没有专门的辅导员学或辅导员工作学等学科专业，思想政治教育相关专业无疑是教育、培养和生产高校辅导员人才队伍最佳的"孵化器"。高校辅导员主要从事日常大学生思想政治教育和管理工作，"思想政治教育是一门科学"，非思想政治教育相关专业的辅导员势必在思想政治教育基础理论的知识储备、思维模式、行为方式上与思想政治教育专业相关学科背景的辅导员存在较大的差距，影响大学生思想政治教育工作的有效开展，影响育人效果。这就好比让一个人文社会科学专业背景毕业的学生去从事高等数学、大学物理教学一样，效果可想而知。

另一方面，复杂多样的专业背景降低了高校辅导员队伍的社会地位，削弱了辅导员队伍自身的职业认同。目前，很多高校在辅导员准入机制上还没有对从业人员的专业背景做出明确的要求，无论什么专业背景的高校毕业生都能从事辅导员工作，无形之中降低了辅导员的准入门槛，给人以辅导员工作是什么人都能胜任的职业假象，是忽视或轻视思想政治教育的一种表现形式，降低了高校辅导员队伍的社会地位。当然，为便于有效指导学生的专业学习和学生科技活动，可以选拔少数与学生学科专业相对应或接近的辅导员，作为以思想政治教育为核心的辅导员队伍的有益补充，但比例不宜太高。

5. 职称职级结构

高校辅导员队伍的职称职级结构，是指对辅导员个体的素质能力、学术科研、业绩贡献等按照一定的评价标准进行等级层次划分，在队伍整体中所呈现的比例结构。一般而言，高校辅导员队伍的职称结构应包括教授、副教授、讲师和初级等职称结构，以及处级、副处级、科级及以下等行政职级结构。当今社会，辅导员队伍的职称、职务是衡量其能力水平、彰显其自身价值和社会地位的重要标志，关系到辅导员队伍的薪酬待遇和发展稳定。

原则上，一所高校内，辅导员的职称职级结构的比例应基本与该校专业教师职称职务结构的平均水平相当，这样才能体现对辅导员队伍应有的尊重和肯定。优化高校辅导员队伍的职称职务结构是保证队伍稳定和解决辅导员队伍可持续发展的重要途径，是激励高校辅导员自强不息、奋发进取的不竭动力，对于提高辅导员队伍的政治地位、经济收入和社会认同度以及培养高校辅导员队伍的核心领军人物都具有极其重要的现实意义。当前，不少高校缺少教授级辅导员，鲜有副教授级辅导员，讲师及以下的占了绝对比例，这显然不利于辅导员队伍的建设和发展。因此，高校应在坚持以人为本、尊重知识、尊重人才、尊重劳动、尊重创造的前提下为高校辅导员创造改善职称职级评定的政策和环境，逐步造就并增加具有较高层次职称职级的辅导员，不断优化辅导员队伍的职称职务结构。

（三）素质过硬

素质过硬，是指高校辅导员队伍自身的思想政治素质、专业知识素质和身心素质能较好地满足和胜任大学生日常思想政治教育和管理工作的实际需要。辅导员队伍素质过硬是队伍建设的核心所在，其素质直接关系到青年学生培养的质量和效果。加强高校辅导员队伍建设，需要辅导员具备过硬的思想政治素质、扎实的专业知识素质以及和谐健康的身心素质。

1. 思想政治素质过硬

过硬的思想政治素质是新时期高校辅导员开展工作的重要条件和内在的职业要求。高校辅导员队伍的思想政治素质，主要包括思想素质、政治素质和道德素质。其中，思想素质是先导，政治素质是核心，道德素质是保障，彼此相互促进，相互制约。

首先，思想素质过硬。辅导员的思想素质主要是指辅导员的世界观、人生观和价值观以及辩证的思维方式的内在综合，是辅导员开展大学生日常思想政治教育和管理的本质基础和行为先导。作为以马克思主义为指导思想的社会主义国家，我国高校辅导员队伍的思想素质过硬，要求辅导员能够正确运用辩证唯物主义和历史唯物主义的基本观点，认识世界和改造世界，为其有效开展辅导员工作提供正确的思想观念和行为意识。其中，世界观总是处于最高层次，对理想和信念起支配作用和导向作用；同时，世界观也是个性倾向性的最高层次，它是人的行为的最高调节器，制约着人的整个心理面貌，直接影响人的个性品质。世界观决定辅导员的人生观和价值观。人生观是对人生的意义和目的的根本观点。作为高校党委领导下开展工作的辅导员，应坚持把无产阶级和人民群众的集体利益放在首位，把大公无私、舍己为人、全心全意为人民服务视为人生的根本意义和价值，把实现共产主义和社会主义理想视为人生最高的目标。价值观是指一个人对周围客观事物（包括人、事、物）的意义、重要性的总评价和总看法，一方面表现为价值取向、价值追求，凝结为一定的价值目标；另一方面表现为价值尺度和准则，成为人们判断价值事物有无价值及价值大小的评价标准，它属于个性倾向性范畴。高校辅导员必须具备比一般人更加过硬的思想素质，通过各项工作的开展和与青年学生的朝夕相处，以自身科学、正确的思想影响和熏陶青年学生。

其次，政治素质过硬。政治素质是辅导员作为一个政治角色，对自己所承担的政治义务和所享受的政治权利的理解、把握、反映和行动等情况的总和，说到底是辅导员政治意识和政治行为的统一。辅导员制度作为当今中国高等教育所特有的一种制度，是执行党的教育方针的重要保障，这既是巩固国家政权的有效措施，又是人才培养的重要保证，是高校辅导员队伍存在的价值所在。高校辅导员必须具备正确的政治方向、坚定的政治立场、科学的政治观点、严明的政治纪律，在意识形态领域内始终保持良好的政治鉴别力和政治敏锐性，正确引导青年学生健康成长。理论上成熟是政治上成熟的基础，需要广大辅导员自觉主动地学习贯彻中国特色社会主义理论体系，自觉同党中央保持高度一致，坚决执行和贯彻党的路线、方针、政策。辅导员应在国际交流交融交锋中始终坚持中国共产党的领导，增强文化自觉和文化自信，坚持马克思主义在意识形态领域的指导地位，用社会主义核心价值引领时代主旋律；正确认识、理解改革发展中存在和面临的突出困难及潜在风险，自觉维护党和国家的尊严威信，共同维护高校和社会的稳定，风清气正地团结和引领广大青年学生，永远跟党走，不断增强其爱国主义、集体主义精神，坚持中国共产党的领导，坚持社会主义制度，坚持共产主义理想信念。

最后，道德素质过硬。道德是社会意识形态之一，是依靠社会舆论、人们的内心信念和传统习惯来调整个人与个人、个人与集体、集体与集体之间关系的行为准则和规范的总和。事实上，良好的道德素质是高校辅导员构建和谐人际关系的前提，也是有效开展工作的基础。一方面，高校辅导员要与学校教职员工保持交流与沟通，获悉大学生学习、生活等方面的信息。另一方面，辅导员与大学生朝夕相伴，能够对大学生实施有效的隐性教育。辅导员道德素质的核心是教书育人、立德树人，通过言传身教，充分发挥自身的道德示范作用，塑造和净化青年学生的灵魂，让大学生在耳濡目染中得到熏陶，接受教育。辅导员要满怀对青年学生的无限关爱，树立崇高的职业理想和坚定的职业信念，把全部精力和满腔真情献给教育事业，关心每一位学生的成长进步，以真情、真心、真诚教育和影响学生，对学生施以最生动、最具体、最深远的教育。

2. 专业知识素质扎实

专业知识素质是高校辅导员有效实施大学生日常思想政治教育和管理工作的理论锐器，是推动辅导员队伍专业化发展的重要基础和保障，决定着辅导员的工作质量、发展效益和人生价值。高校辅导员工作的特殊性，需要其具备坚实的基础理论知识、扎实的专业知识和广博的相关知识。

首先，坚实的基础理论知识。马克思主义是我们立党立国、兴党兴国的根本指导思想，是社会主义意识形态的旗帜和灵魂，为中国革命、建设、改革提供了强大思想武器，是高校辅导员有效开展大学生日常思想政治教育和管理工作的理论基础。辅导员要通过系统深入的学习，坚持以马克思主义为指导，整合和引导社会思潮和文化追求，正确把握文化发展方向，最大限度地形成思想共识，凝聚人心，形成建设中国特色社会主义的巨大动力。坚定中国特色社会主义共同理想，就能使全国人民、全体中华儿女汇成振兴中华的滚滚洪流，使中华民族伟大复兴的道路越走越宽阔。大力弘扬民族精神和时代精神，就能不断丰富中华民族团结奋进、自强不息的精神内涵，激励全体人民为振兴中华努力奋斗。要在全社会旗帜鲜明地宣传和倡导社会主义荣辱观，在全社会形成知荣辱、讲道德、守法纪、促和谐的文明风尚，为中国特色社会主义事业提供强大的思想道德支撑。高校辅导员只有深刻领会和运用党和国家关于教育、科技、人才等的政策指导自己的实践工作，自觉主动地运用社会主义核心价值观引领时代风尚，才能在意识形态领域始终保持清醒的头脑和正确的方向。

其次，扎实的专业知识。辅导员缺少专业学科的支撑是一个不争的事实，虽然有人主张建立辅导员学，但是当前思想政治教育专业无疑是辅导员开展工作最有力、最核心的专业知识。那种主张以学生事务管理、心理辅导或职业规划等取代思想政治教育的主张是错误的，现实中辅导员事务性工作过分挤占大学生思想政治教育的做法是危险的。事实上，辅导员工作必须以大学生日常思想政治教育为核心，这是党和国家赋予高校辅导员最为重要的历史使命，其他各项工作都只是辅导员开展大学生日常思想政治教育的必要补充和手段。坚持理论与实践相结合、运用科学理论指导实践是教书育人的根本原则，因此，辅导员必须系统扎实地掌握思想政治教育学科的专业知识，如思想政治教育史、思想政治教育学原理、思想政治教育方法论和思想政治教育管理学等专业基础知识。除此之外，辅导员还要与时俱进，及时了解和掌握当前思想政治教育领域发展的前沿问题，积极开展调查研究，将专业知识淋漓尽致地运用到学生的教育、管理与服务之中。

最后，广博的相关知识。我们说思想政治教育专业知识重要，但是并不排除其他相关知识对辅导员科学文化素质的有益补充，素质良好的辅导员必须具备广博的相关知识。一方面，辅导员工作内容的复杂性、教育对象的多样性、社会环境的多变性需要辅导员一专多能，只有这样才能更好地教育、管理和服务青年学生，才能胜任辅导员工作。另一方面，思想政治教育学本身是一门多学科交叉的应用型学科，它广泛吸收了与思想政治教育学有着密切联系的教育学、管理学、心理学、社会学和伦理学等相关学科的理论成果，开展大学生思想政治教育势必需要相关学科知识的有益补充。知识渊博的辅导员对学生有着天然的震撼作用，会全面激发青年学生对辅导员的敬畏之心、效仿之行，因此，除临近的相关学科知识以外，辅导员还应对经、史、法、美、文等学科知识有所了解。除此之外，坚持思想政治教育与业务工作相结合是辅导员开展工作的一项基本原则，与学生建立共同的话语体系是拉近师生关系的必要准备。因此，辅导员不仅要较为熟练地掌握教育对象所学的专业知识，还要具备一定的媒介素养和网络运用的知识。

3. 健全的身心素质

对高校辅导员而言，健康素质主要包括了身体、心理和卫生等方面内容。辅导员工作是一项复杂的体力劳动，又是一项复杂的脑力劳动。辅导员需要以健康的身体素质和良好的心理素质为依托，这样才能更好地完成辅导员工作的神圣使命。

一方面，健康的身体素质。健康的身体素质是指人类各项生理机能和谐相处，各项生理功能可以正常运作，是思想政治素质和科学文化素质的载体，是人类其他各项素质的基础。由于当前高校辅导员工作职责界限模糊，导致辅导员工作压力大、工作时间长。加班加点的工作需要健康的体魄、旺盛的精力。只有拥有健康的身体素质，才能充分施展辅导员的思想政治素质和科学文化素质，发挥立德树人的育人作用。

另一方面，良好的心理素质。心理素质是指人在感知、思维、观念、情感、意志、兴趣等多方面心理品质上的修养，它是一个内容非常广泛的概念，涉及人的性格、兴趣、动机、意志、情感等多方面的内容。良好的心理素质是高校辅导员的必备条件，也是开展大学生日常思想政治教育不可或缺的心理准备。辅导员要在与青年学生相处的现实生活之中，以敏捷的思维、积极的心态、稳定的情绪、丰富的情感、和蔼的性格、高雅的气质、明确的自我意识、广泛的兴趣爱好和坚强的意志品行对待生活和工作，影响、感化学生，才能游刃有余地应对各种纷纭复杂的学生工作。

第二节 高校辅导员队伍建设的原则与内容

一、高校辅导员队伍建设的原则

原则是指说话、行事所依据的准则。高校辅导员队伍建设有其独特的内在规律和基本原则。在新的时代背景下，应该坚持以人为本、统筹兼顾、实事求是的原则，全面推进高校辅导员队伍建设。

（一）以人为本的原则

坚持以人为本的原则，是指在高校辅导员队伍建设的全过程中，将辅导员作为建设的出发点和最终归宿，尊重辅导员的主体价值，满足辅导员的根本利益，促进辅导员的全面发展，实现辅导员与高校的共同发展。坚持以人为本是辅导员队伍建设的根本价值取向和核心所在，需着重提高辅导员队伍建设的思想认识。

1. 尊重高校辅导员的主体价值

坚持以人为本，必须尊重高校辅导员的主体价值，提高辅导员队伍建设的思想认识。高校辅导员队伍是大学生思想政治教育的主体之一，关系到青年学生健康成长成才，对于促进高校改革和发展具有重要的价值。辅导员队伍建设者要充分肯定和高度认可辅导员的社会价值和育人作用，自觉将加强高校辅导员队伍建设统一到中央的决策上来，转变思想认识、创新体制机制，采取有效措施，着力提升辅导员的素质能力，提高其工作水平，增强育人效果。高校辅导员的劳动贡献关系到如何培养人、培养什么人和为谁培养人，关系到我国现代化建设的后继者。因此，需要避免只重视科研、教学等硬实力建设，削减人文、思想等文化软实力投入，只重视科研、教学队伍建设，轻视辅导员队伍建设等不良倾向。高校辅导员队伍建设者要提高思想认识，要时刻把人民群众的安危冷暖放在心上，深怀爱民之心，恪守为民之责，善谋富民之策，多办利民之事，倾听群众呼声，关心群众疾苦，为群众办实事、办好事。

尊重辅导员的主体价值要尊重辅导员的劳动成果和社会价值，提升辅导员的社会认同，满足辅导员的客观需求，保障辅导员的切身权益。要像重视学术骨干一样重视辅导员的选拔、培养和发展，让其干事有平台、生活有保障、发展有空间。应始终关注辅导员的需求，关注他们的生活世界和精神世界，把辅导员的工作实际与发展诉求作为制定政策的依据和重要内容。应注重辅导员的个性化发展，给他们独立发展的自由空间，尊重辅导员的独立人格、需求、能力差异，用人性化的标准对辅导员进行全方位评价和考核。要全面激发和调动辅导员的主动性、积极性和创造性。

2. 满足高校辅导员的根本利益

利益是关系范畴，指的是人与人之间对需求对象的分配关系，是人类社会发展的最终动力。从哲学上讲，利益是利益主体对客体价值的肯定，它反映客体满足主体的某种需要。坚持以人为本，必须满足高校辅导员的根本利益，协调高校辅导员的利益关系，满足其物质和精神方面的需求。提高辅导员生活质量和幸福指数，要不断实现好、维护好、发展好广大辅导员的根本利益。

第一，要协调高校辅导员的利益关系，尊重辅导员的合法权利。处理好利益关系，是高校辅导员队伍建设的根本和保障。正确处理好辅导员的利益关系是辅导员潜心教书育人的原动力和队伍建设的根本要求。强调以人为本，需要坚持历史唯物主义的基本立场和观点，既要鼓励和提倡辅导员无私奉献、甘于淡泊，又不能以牺牲辅导员正当的合法的利益为代价。尊重辅导员的社会价值和主体地位，要按照发展为了人民、发展依靠人民、发展成果由人民共享的利益原则，满足辅导员的物质和精神生活的客观需要。广大辅导员要正视自己的工作价值和重要作用，正确处理个人利益与他人利益、社会利益的关系，按照社会主义共同理想的基本要求，更加自觉地追求进步、提升自我，更大限度地发挥大学生思想政治教育的育人作用，用实际的行动证明自我，赢得社会的肯定和认同。

第二，要满足高校辅导员的物质需求，提高辅导员的生活质量。尊重高校辅导员的主体价值，是因为辅导员在人才培养，促进高校改革、发展和稳定做出了积极的贡献，取得了显著的成绩。在坚持按劳分配的原则下，应当满足高校辅导员的物质利益。高等学校要根据实际，将辅导员、班主任的岗位津贴等纳入学校内部分配体系统筹考虑，确保辅导员、班主任的实际收入与本校专任教师的平均收入水平相当。因此，需要不断满足辅导员正当的物质需求，提高其生活质量。学校还应制定相应政策，加大对高校辅导员队伍建设人力、财力和物力的投入，加强辅导员的培养培训和对外交流，提升辅导员的素质能力；根据辅导员的任职年限和工作实绩确定相应级别的行政待遇和职称聘评，确保辅导员发展有空间。同时，在住房问题、办公条件等方面应加大投入，为辅导员的工作生活提供必要的保障，不断提高辅导员的生活质量。

第三，应满足高校辅导员的精神诉求，提高辅导员的幸福指数。坚持以人为本，必须关注高校辅导员的精神生活和幸福指数。要体现社会主义的人道主义和人文关怀，满足辅导员的发展愿望和多样性需求。一方面，要加强高校辅导员的科学文化知识教育。不断加强高校辅导员队伍的组织文化建设，营造辅导员队伍发展的良好环境，发挥辅导员的聪明才智，增强组织凝聚力、向心力，培植共同的理想信念。另一方面，要着力提升辅导员的思想道德素养。当前，需要以社会主义核心价值观和宏伟中国梦统领辅导员队伍的思想道德建设，努力在全社会形成统一的指导思想、共同的理想信念、强大的精神力量和基本的道德规范。要坚持马克思主义指导思想，将其作为统领辅导员思想、行为的灵魂、指导思想和精神旗帜，坚持中国特色社会主义共同理想；坚持以爱国主义为核心的民族精神和以改革创新为核心的时代精神。以社会主义核心价值观为行为价值准绳，帮助辅导员树立正确的世界观、人生观和价值观，磨炼意志、汇聚力量、振奋精神，使其以满腔的热情和对党和人民的无限忠诚，敬岗爱业、潜心育人，全心全意地为学生服务，将自身价值实现与人才培养、高校以及社会改革、发展和稳定紧密联系，实现个人和社会的共同发展。

3. 促进高校辅导员全面发展

高校辅导员队伍建设坚持以人为本，是坚持人的自然属性、社会属性和精神属性的辩证统一，以尊重、关心、理解和支持辅导员事业的发展为基础，重视辅导员自身的成长和全面发展。

辅导员作为提高大学生人才培养，促进高校改革、发展、稳定的一支不可或缺的重要力量，应当具有"自由而全面"发展的权利和条件。马克思主张每一个人都无可争辩地有权全面发展自己的才能，任何人的职责、使命、任务就是全面地发展自己的一切能力，更好地实现自由而全面的发展，而不是每一个人都只能发展自己才能的某一方面而偏废了其他各方面。因此，加强高校辅导员队伍建设，应将目光聚焦在辅导员自身的发展之上，需要通过组织培训提高辅导员的素质能力，以创新体制机制为辅导员发展营造良好的环境、搭建发展平台、提供发展空间，从而使每一个辅导员都能完全自由地发展和发挥全部才能和力量，从而保证他们的体力和智力获得充分自由的发展和运用。

纵观高校辅导员队伍工作的现实境遇，不同程度地存在着队伍缺编、辅导员工作时间长、劳动强度大、心理压力重等现实问题，缺乏高校辅导员全面发展的条件。应积极倡导给每一个人提供全面发展和表现自己的全部能力即体能和智能的机会。因为人的全面发展是经济社会发展的根本目的，离开了人的全面发展，经济社会发展就失去了目标和动力。事实上，只有在所有人为了大家也为了自身全面的发展而进行劳动和创造的条件下，为了社会所有成员的全面发展的经济基础和社会基础才能建立起来。所以，只有不断促进高校辅导员的全面发展，才能通过发挥他们的聪明才智和独特的人格魅力对大学生进行思想政治教育、管理和服务，让他们在自我约束、自我设计、自我创造中实现职业价值。

（二）统筹兼顾的原则

统筹兼顾的原则，是指在高校辅导员队伍建设中要坚持总揽全局、科学筹划、协调发展的建设准则。坚持在党的领导下，不断加强高校辅导员队伍建设的组织领导，使高校辅导员队伍建设能够全面、协调和可持续发展。

1. 统揽全局

统筹兼顾是坚持科学发展观的根本方法，是高校辅导员队伍建设必须遵循的行为范式。高校辅导员队伍建设是一项系统工程，关系到不同的利益主体，涉及方方面面，需要按照统筹兼顾、全面协调的原则加以建设。统筹兼顾就是要把辅导员队伍纳入高校人才队伍开发之列，辅导员队伍建设主体要从高校发展的战略全局和人才培养的战略高度，用全面的而不是片面的、联系的而不是孤立的、发展的而不是静止的观点对待高校辅导员队伍建设。正确把握当前辅导员队伍建设中存在的突出问题，客观分析存在问题的内在原因，在科学发展观的指导下积极探寻辅导员队伍建设的措施和方法，不断满足辅导员队伍的切身利益。在统筹兼顾的原则下，优化辅导员队伍结构、提升辅导员队伍素质、增强辅导员队伍能力，促使辅导员队伍健康和谐地发展。要把辅导员队伍建设与学校教学、科研队伍建设放在同等重要的位置，统筹规划，统一领导，处理好专任教师、管理人员与辅导员的关系，努力形成大学生思想政治教育的合力。

2. 科学规划

规划就是指制订比较全面的、客观的和长远的发展计划，是对未来整体性、长期性、基本性问题的思考并设计未来行动的具体方案。为此，高校在辅导员队伍的选拔、配备、培养和退出等方面应有基本的、统筹的指导方针、战略目标和总体部署，要有条不紊、系统地推进。科学规划能够让广大辅导员深刻认识到"工作有平台、生活有保障、发展有空间、事业有方向"，这不仅有利于高校教师队伍建设的整体推进，而且可以使广大辅导员看到自身职业发展的美好前景，科学规划自己的职业生涯，有助于激发广大辅导员的工作热情和昂扬斗志，增强育人效果。

3. 协调发展

高校辅导员队伍建设应坚持协调发展，既关注眼前的现状，又要着眼于未来的发展；既要关注世界或全国范围内高校辅导员队伍建设的情况，又要认识本地区、本校辅导员队伍建设存在的不足，坚持可持续发展战略；坚持以高校辅导员队伍专业化、职业化和专家化发展为导向，切实解决好辅导员队伍职业发展中的障碍和瓶颈问题。现实中辅导员队伍的评价考核、激励保障、职称评定和职务晋升必须始终坚持统筹发展指导原则。

（三）实事求是的原则

坚持实事求是的原则是指在高校辅导员队伍建设中，从队伍建设的实际对象出发，探寻辅导员队伍建设的内部联系及其发展规律性，全面认识队伍建设的本质。加强高校辅导员队伍建设同样需要坚持实事求是的根本原则。坚持实事求是的原则，需要坚持解放思想、一切从实际出发、理论联系实际和与时俱进。

1. 解放思想

解放思想是实事求是的前提，加强高校辅导员队伍建设，需要提高思想认识，解放思想、与时俱进地处理辅导员队伍建设和发展中存在的各种问题。因此，坚持解放思想，需要克服、避免束缚高校辅导员队伍建设的思想桎梏，按照与时俱进的要求，紧密结合当前党和国家对辅导员赋予的时代使命和殷切希望，按照辅导员自身和辅导员职业发展的内在要求以及青年大学生成长成才的需要加以建设。在不断满足辅导员物质文化需求的同时，使辅导员发挥更好的育人作用。

2. 一切从实际出发

一切从实际出发，就是从客观事物存在和发展的规律出发，在实践中按照客观规律办事。一切从实际出发是实事求是的基础，是有效推进高校辅导员队伍建设的根本保证。一方面，高校辅导员队伍面临的工作环境和社会环境发生了显著的变化。辅导员肩负着重要的历史使命，其工作职责和工作内容也在不断增加。随着社会环境的变化，教育对象呈现出鲜明的个性特点，一些大学生不同程度地存在政治信仰迷茫、理想信念模糊、价值取向扭曲、诚信意识淡薄、社会责任感缺乏、艰苦奋斗精神淡化、团结协作观念较差、心理素质欠佳等问题。这些变化加大了辅导员的工作强度和难度。随着党和国家对高校辅导员队伍建设越来越重视，专兼结合、以专为主的建制模式需要关注辅导员的发展和出路。当前和今后一段时间，应当按照专业化、职业化和专家化的要求不断加强辅导员队伍建设，以满足辅导员队伍建设和大学生思想政治教育的现实需要。另一方面，需要通过广泛深入的调查研究，掌握当前高校辅导员队伍建设现状。只有通过调查研究，全面准确地掌握高校辅导员队伍建设取得的成绩、存在的不足，为党和国家制定辅导员队伍建设的各项政策提供一手材料，才能有针对性地采取有效措施，不断加强辅导员队伍建设。一切从实际出发，就是要贴近辅导员队伍建设的实际，政策制度的制定要贴近实际，对策措施的实施要贴近实际，做到有的放矢、对症下药。从全国范围讲，各省市、各高校辅导员队伍建设发展不平衡，辅导员的素质能力还存在较大差异。因此，需要按照一切从实际出发的原则，认真学习领会党和国家关辅导员队伍建设的政策要求，紧密结合自身实际，切实转变思想认识，加大投入力度，采取有效措施，致力辅导员队伍建设。

3．理论与实践相结合

理论联系实际，体现了认识与实践相统一、矛盾的普遍性和矛盾的特殊性相联结的马克思主义认识论和辩证法。理论联系实际，是在高校辅导员队伍建设中贯彻实事求是思想路线的根本途径和方法。坚持理论联系实际，就是应用马克思列宁主义的立场、观点、方法，对高校辅导员队伍建设实际进行认真研究，正确地分析研究辅导员队伍建设取得的成绩、存在的困难和问题，从中总结规律，作为行动的向导。需要在调查研究的基础上加强高校辅导员队伍建设的理论创新，用科学的理论指导辅导员队伍建设。

高校辅导员队伍建设是思想政治教育队伍建设最为重要的组成部分，需要运用科学的理论加以指导，为政策制定、对策实施提供理论保障。因此，需要在辅导员队伍建设的历史回顾和现实实践中加以总结分析，探寻适应辅导员队伍建设的理论源泉。加强辅导员队伍建设的理论创新，需要坚持与时俱进的理论品质，敢破敢立，推陈出新。

二、高校辅导员队伍建设的内容

（一）思想建设

思想是行为的先导，加强高校辅导员队伍建设，其前提是要解决对高校辅导员队伍建设的思想认识问题。只有加强辅导员队伍建设者和辅导员队伍自身的思想建设，才能从根本上实现辅导员队伍建设的目标。

1. 加强高校辅导员队伍建设者的思想建设

高校辅导员队伍建设者是指辅导员队伍建设的主体，包括建设的组织机构和领导人员，从组织层次上讲，主要包括教育部、省市教育主管部门和高校三个层面。高校辅导员队伍建设者是辅导员队伍发展规划、制度政策等的制定者和落实者，是辅导员工作开展的指引者，是辅导员队伍发展的引领者。高校辅导员队伍建设者应根据高校辅导员队伍建设的现实状况和实际需求，在政策、制度、经费、保障、监督等方面采取有效措施，把高校辅导员队伍建设作为加强和改进大学生思想政治教育过程中的关键环节抓好。

2. 加强高校辅导员自身思想建设

高校辅导员队伍建设需要建设主、客体相互作用和共同努力，才能更好地实现队伍建设的目标和任务。新时期，转变高校辅导员队伍建设者的思想观念，加强高校辅导员队伍建设的组织推动只是高校辅导员队伍建设的外在因素，关键还需要充分发挥高校辅导员队伍自身的主体性。一方面，需要辅导员正确认识自身工作在高校人才培养中的重要价值和现实意义，自觉增强教书育人的使命感和责任感。作为一名在岗在任的辅导员，应当热爱辅导员工作，把学生的发展和进步视为实现自身人生价值的重要阶梯，自觉增强职业认同感和组织归属感。另一方面，需要高校辅导员自觉增强大学生日常思想政治教育和管理工作的能力和水平，通过参加各级培训、申报研究课题和自我学习、自我教育等方式增强自身的理论素养，提升自己的思想道德境界，注重在工作实践中反思总结提高，增强育人本领和工作技能。

（二）能力建设

能力是以人的生理和心理素质为基础，在认识和实践活动中形成、发展的完成某种任务的能动力量，是体力和智力的有机结合、物质和精神的动态统一。从某种意义上说，能力是素质在一定条件下的外显。高校辅导员工作作为高校人才培养的一种重要途径，有其内在、特殊的能力要求，更具工作职责的需要。高校辅导员的能力主要包括学习能力、创新能力、教育能力和管理能力。

1. 学习能力

高校辅导员的学习能力是指辅导员通过阅读、思考和研究等途径，获取辅导员工作所需要的知识与技能的能力。广大辅导员要在工作和学习中运用已有知识储备，以快捷、简便、有效的方式获取知识、信息，从而改变已有知识结构，提高自身综合素质。新时期高校辅导员工作的职责和内容不断扩展，教育对象的需求日趋多样化，这需要高校辅导员与时俱进，不断通过自我教育、自主学习、自我提高提升育人本领和工作水平，以便更好地胜任辅导员工作。高校辅导员学习能力直接关系到其工作效果和自身社会地位与声誉。在大力构建学习型社会的时代，高校辅导员必须加强学习，努力弥补和提高大学生日常思想政治教育和管理工作的能力，在教育、管理、服务中做好育人的本职工作。高校辅导员只有通过不断学习，紧跟时代步伐和教育对象的变化节奏，才能科学、有效地培养社会主义的建设者和接班人。通过学习，在自身理论素养不断提高的过程中由事务型辅导员向知识型、能力型和科研型辅导员转变，为辅导员队伍的专业化、职业化发展奠定基础。

2. 创新能力

高校辅导员的创新能力，是指通过调查、分析、实验等研究方法，在理论和实践上从事创造活动的能力。它包括创新意识、创新思维和创新技能等三部分，其核心是创新思维，具体表现为思想理论的重大突破、方式方法的重大创新。对高校辅导员而言，创新能力主要包括理论创新能力和实践创新能力两个方面的内容。在理论创新上，高校辅导员要在具备扎实的科学文化素质的基础上，紧密联系学生工作的客观实际和大学生身心发展的客观规律，对思想政治教育、心理健康教育、职业规划教育和学生事务管理等内容进行探讨，通过课题研究、撰写学术论文等方式，探索新的教育方法和教育规律，在科学理论的指导下开展实践工作，丰富思想政治教育的理论基础，逐步从经验型辅导员向研究型辅导员转变。在实践创新方面，高校辅导员要紧密结合学生的实际需要和学校发展的中心任务，在因材施教、个性化教育的基础上，依托有利的社会资源和个人能力，丰富教育内容、拓展教育渠道、创新教育方法、延展教育阵地，扎实推进大学生思想政治教育和管理工作，增强教育的宣传力和感染力。

学习能力是创新能力的基础和前提，创新能力是学习能力的归宿和价值体现，学习中孕育着创新，创新中蕴含着学习。高校辅导员的学习创新能力是辅导员能力结构中最基层、最本质和最核心的能力，是高校辅导员教育管理能力和服务领导能力能否有效彰显的基础。

3. 教育能力

高校辅导员是教师队伍的重要组成部分，必须掌握相应的教育方法，懂得相应的教育规律，具备相应的教育能力。

教育能力有狭义和广义之分。狭义的教育主要指辅导员根据一定的社会要求，有目的、有计划、有组织地对受教育者的身心施加影响，把他们培养成为社会所需要的人的活动。事实上，很多高校辅导员承担着形势与政策、心理辅导和职业生涯等课程的教学工作，具有鲜明的政治特性和育人属性，理应归为教师队伍。因此，高校辅导员需要具备必要的课堂教学能力。

广义的教育是指辅导员通过与学生朝夕相处，增进大学生的知识和技能，影响大学生思想品德的活动。高校辅导员与学生朝夕相处，通过开展思想政治教育、心理辅导、职业指导、事务管理等工作，有针对性地开展个性化指导、教育和管理，帮助广大学生树立科学的世界观、人生观和价值观，坚定社会主义共同理想，忠于党的领导和社会主义现代化建设事业，化解青年学生在求学中所遇到的思想困惑、心理困顿和职业迷茫，使青年学生在思想道德素质不断提高的过程中更好地学习科学文化知识，增进知识技能。

4. 管理能力

管理是组织中维持集体协作行为延续发展的有意识的协调行为。高校辅导员的管理能力是指在高等教育的条件下，辅导员对其所拥有的资源（人力、物力和财力等资源）进行计划、组织、领导、控制和协调，以有效实现人才培养目标的能力。由于工作性质和高等学校的学生工作模式，辅导员工作在很大程度上涉及对青年学生的管理，因此，辅导员必须具备一定的管理能力，方能胜任本职工作。具体而言，高校辅导员的管理能力主要包括决策判断能力、分析鉴别能力、协调沟通能力、执行控制能力和反馈校正能力。

（三）制度建设

制度管根本，管长远，是一个具有根本性、稳定性和长期性的关键问题。着眼于制度建设是高校辅导员队伍建设的重要保障。加强高校辅导员队伍的制度建设，需要注重政策制度的连贯性与稳定性，不断加以完善；坚持与时俱进和贴近实际，不断建立与之相适应的新制度。

1. 完善现有制度

改革开放以来，党和国家高度重视辅导员队伍建设。在教育部的领导下，积极地组织专家学者制定了一系列高校辅导员队伍建设的制度和政策，有力地推动和保障了我国高校辅导员队伍建设。各地各高校认真学习、深刻领会、严格执行、开拓创新，紧密结合辅导员队伍建设的政策文件和自身实际制定和出台了相应的制度，有力地推动了辅导员队伍建设。和国家宏观经济政策一样，高校辅导员队伍建设的政策文件要保持一定的稳定性，防止大起大落，但决不能矫枉过正，用刻舟求剑的思想待之，需要在中长期规划的指导下，坚持与时俱进的修订和完善辅导员队伍建设的相关制度，以满足队伍建设的发展需要，解决辅导员队伍建设和发展中存在的问题。当前，我国在高校辅导员队伍制度建设方面，明确了辅导员队伍的工作职责，在辅导员的选拔、培训、发展和管理等方面都有了相应的政策要求。但随着辅导员队伍建设的实际情况和辅导员自身的发展需要，应当继续深入研究高校辅导员的工作职责，明确其职责界限；继续深入研究和制定辅导员队伍的选拔、培养、发展和管理等方面的制度，不断完善现有制度，使其为科学指导和有力保障辅导员队伍建设和维护辅导员权利做出积极的贡献。

2. 建立新的制度

加强高校辅导员队伍的制度建设，不仅需要完善现有制度，而且需要坚持与时俱进和贴近实际的原则，不断建立新的制度，以更好地满足辅导员队伍建设的现实需要。

第一，建立适应新形势下辅导员队伍建设工作的领导管理体制。高校辅导员队伍建设与管理体制受传统观念的束缚，管理手段弱化，工作职责领域边界模糊，考核评价缺乏科学，培养与发展缺少系统性、全局性和发展性研究，高校辅导员队伍的工作支撑体系不健全。归根结底，这些问题都与高校辅导员队伍建设的体制和机制有关，需要继续深入研究，为辅导员队伍建设提供政策保障和制度指导。

第二，建立高校辅导员队伍建设的评价制度。我国高校辅导员队伍建设发展不平衡，其关键在于缺少科学的评价制度。全面推进高校辅导员队伍建设固然需要有科学的理论予以指导，但更需要相关的政策和制度加以保障。不过，任何好的政策和制度若不付诸实践，在现实中加以贯彻执行，都必将是一纸空文，形同虚设，不能产生任何实际的效益。因此，需要建立辅导员队伍建设的评价制度，以保证高校辅导员队伍建设的各项政策、文件和制度贯彻执行的力度。当前，学术界和理论界在高校辅导员队伍建设方面，更多地关注高校辅导员工作考核评价，却鲜有人研究队伍建设的考核评价。因此，应在借鉴和参考教育部关于全国高校辅导员队伍培训研修基地考核体系的基础上，从高校辅导员队伍建设的思想认识、组织领导、体制机制和建设效果等方面统筹规划，建立高校辅导员队伍建设的评价制度。

第三节　改进高校辅导员队伍建设的措施

加强高校辅导员队伍建设，需要根据辅导员队伍建设的内在规律，最大限度地发挥制度在辅导员队伍建设中的作用，采取有效措施和科学方法改进和加强高校辅导员队伍建设。通过科学化选拔、专业化培训、职业化发展和系统化评价等措施，优化队伍结构、提升队伍素质、提高工作能力、保持队伍稳定，增强大学生思想政治教育的效果。

一、科学化选拔

科学建立高校辅导员队伍的职业准入机制是选拔高校辅导员的基础环节，这对于辅导员队伍的后续建设和发展具有基础性的价值和作用。科学建构高校辅导员队伍的职业准入机制和采取有效措施，应当坚持选拔原则、明确选拔标准、优化选拔方法，科学选拔高校辅导员。

（一）遵循高校辅导员选拔原则

规范新时期高校辅导员队伍的职业准入机制，必须坚持德才兼备、以德为先，优化队伍结构，在竞争与择优以及层次性、灵活性原则的指导下，严格、规范地选聘和续任合适的辅导员。

首先，坚持德才兼备、以德为先的原则。德才兼备、以德为先是中国共产党对干部选拔任用工作历史经验的科学总结，是对党的组织路线和干部政策的丰富发展，是新时期党的干部工作的重要指导方针。科学实施高校辅导员的职业准入也必须坚持德才兼备、以德为先的指导思想和基本原则。

坚持德才兼备、以德为先的职业准入原则，就是将高校辅导员的思想道德素质摆在职业准入的首要位置。坚持德才兼备、以德为先有助于保证高校辅导员队伍的整体素质。高校辅导员队伍的素质如何，直接影响着青年学生的成长和发展。因此，坚持德才兼备、以德为先是保证高等学校社会主义办学方向、提高人才培养质量，特别是培养新时代中国特色社会主义事业的合格建设者和可靠接班人的具体要求。

坚持德才兼备、以德为先是保证高校辅导员队伍专业化、职业化和专家化发展的基础环节。高校辅导员工作极其复杂且相当辛苦，如果没有热爱大学生思想政治教育和管理工作的思想准备，没有全心全意为学生服务的理想信念，辅导员就无法持续地热情高涨地开展各项工作，还很可能导致思想不稳、工作乏力，难以潜心教书育人，容易产生职业懈怠。因此，只有精心选拔"政治强、业务精、纪律严、作风正"、德才兼备、乐于奉献、愿意长期从事大学生思想政治教育事业的辅导员，才能有效推进高校辅导员队伍朝专业化、职业化和专家化方向发展。

其次，坚持优化队伍结构的原则。大学生思想政治教育是一项系统工程，优化高校辅导员队伍结构就是在整合高校辅导员队伍内部资源的基础上形成育人合力，提高育人效果。结构决定功能，只有合理优化高校辅导员队伍的内部结构，才能更好地发挥高校辅导员队伍整体的育人功效。优化高校辅导员队伍结构，需要高校在全面、客观、科学分析辅导员队伍现实状况的基础上，从全局的、发展的和辩证的角度，密切关注高校辅导员队伍的年龄、性别、学历、专业以及职称职务等结构的合理配置。从入口处改善高校辅导员队伍结构是优化辅导员队伍结构的一个重要途径，应当科学规划，循序渐进。

再次，坚持竞争与择优的原则。竞争是社会主义市场经济的鲜明特征和基本规律，同时也是人才选拔的重要途径和根本措施。只用通过合理的竞争，才能挑选到合适的人选胜任辅导员工作。为此，高校应在坚持发展经济的前提下，优化校园环境，浓厚校园文化，提升社会声誉，增进组织的吸引力和社会美誉度，在市场经济的调节下更可能多地吸引社会各界优秀人才竞聘辅导员岗位，为选拔优秀的、合适的人选提供人员保障。高等学校应当贯彻和落实"要像重视业务学术骨干一样重视辅导员、班主任的选拔、培养和使用"的指导思想，坚持竞争与择优的准入原则，确立科学的准入测评体系和方法，组建具有准入测评资质的测评人员队伍，坚持科学的选聘程序，方能挑选到合适的人选。随着社会分工日趋细化，不少职业都建立了自己的职业准入机制，如公务员、律师等必须通过专门的资格考试才能获取相应的从业资质。因此，高校辅导员的准入，也应当举办标准相对统一的职业资格考试，实行职业资格准入的运行机制，公平竞争、择优录用，达到人尽其才、才尽其用的良好效果。

最后，坚持层次性和灵活性原则。由于我国高等学校辅导员队伍建设现状差异明显，高校辅导员职业准入应该注重层次性和灵活性。各高校应根据当前辅导员队伍建设的现实状况，严格遵循教育部相关文件精神，按照"专兼结合、以专为主"的配备方式设置辅导员工作岗位。由于不同高校在办学规模、国家经费投入和发展历史等方面情况不同，各高校应依照分层、灵活的原则，逐步加强对辅导员的补充和选聘。在选聘的过程中，应当严格按照客观规律办事，坚持公开、公平、公正的选人原则，精心选拔。

（二）明确高校辅导员选拔标准

为加快高校辅导员队伍专业化、职业化和专家化建设进程，必须从辅导员队伍的入口处严格把关，建立科学的准入标准。

首先，政治标准。由于高校辅导员队伍的核心工作是大学生思想政治教育和管理，因此每个辅导员都必须具备较强的政治素质，故应将政治标准作为辅导员准入的重要指标和入职底线。高等学校在选聘、考核辅导员之时，必须考虑辅导员的政治标准，即能够在高校党委的领导下，贯彻和执行党的路线、方针和政策，遵守宪法、法律和法规，按照法定的职责权限和程序履行职责、开展工作。当前，不少高校将中共党员、学生干部作为辅导员选拔的一项考核指标，亦充分说明了选拔辅导员的政治标准的重要性。

其次，学历标准。大学生思想政治教育与管理工作的职责、内容不断扩展，教育对象日趋多样、复杂，大学生的自我意识和主体意识不断增强，新思想、新事物、新问题不断涌现，这些都要求辅导员应当具备较高的学历层次才能更好地胜任辅导员工作。因此，将学历标准纳入高校辅导员队伍准入的重要指标，既有利于队伍的整体建设和发展，又有助于提高辅导员队伍的社会声誉。

再次，专业标准。任何职业的发展都必须建立在专业知识的支撑之上。由于种种原因，高校辅导员队伍的专业结构复杂。大学生思想政治教育是一门科学，必须将思想政治教育相关专业作为职业发展和延续的专业基础。术业有专攻，不同的专业背景对人的思维模式、行为方式都会产生持久的影响。非思想政治教育相关专业的辅导员难免在马克思主义基本理论、思想政治教育的基础知识等方面储备不足，不利于科学、有效地开展大学生思想政治教育和管理工作。由于专业知识的缺乏，非思想政治教育专业的辅导员在撰写学生工作或大学生思想政治教育等相关学术论文以及在申报社科类项目时明显处于劣势，在职称评聘上相对困难。因此，将专业知识纳入高校辅导员准入的标准，既是关注大学生思想政治教育与管理的具体体现，也是优化人力资源配置和坚持以人为本的重要途径。实现高校辅导员队伍建设专业化、职业化和专家化发展目标，应当将辅导员的专业知识结构纳入高校辅导员准入考评指标体系。

最后，能力标准。能力是素质的具体展示。根据大学生思想政治教育与管理工作的实际需要，高校辅导员应当具备特定的业务工作能力。概括地讲，高校辅导员应具备较强的政治鉴别力、决策思辨能力、领导管理能力、组织协调能力、沟通交际能力、宣传写作能力等。辅导员应善于观察、思考和处理问题，能透过现象看本质，是非分明，正确把握时代发展要求，科学研判形势；能根据大学生成长规律，在科学的教育规律的指引下，为学生提供帮助和服务；辅导员还要对工作认真负责，密切联系学生，维护学生合法权益；能坚持群众路线、实事求是，善于分析新情况，提出新思路，解决新问题，结合实际创造性地开展工作；

要科学探索和准确把握大学生发展规律，预测发展趋势，提出解决措施；要懂得尊重他人，具有全局观念、民主作风和协作意识；语言文字表达条理清晰，宣传能力强，能运用网络等载体进行有效沟通；事业心强，有积极、乐观、向上的精神状态和爱岗敬业的热情，能适时调整自己的思维和行为，保持良好的心态、情绪，自信心强，意志坚定，能正确对待和处理顺境与逆境、成功与失败；面对突发事件，能保持头脑清醒，科学分析，准确判断，果断行动，整合资源，调动各种力量，有序应对突发事件。

（三）严格高校辅导员选拔程序

建设新时期高校辅导员队伍应当在坚持职业准入基本原则的前提下，根据职业准入的标准，采用有效职业准入的方法。在职业准入的过程中应关注高校辅导员队伍建设现状，拓宽职业准入的渠道，组建职业准入的考核主体，运用科学的职业准入测评机制，精心挑选合适的人选，为高校辅导员队伍建设奠定基础。

首先，拟定辅导员选拔的规划。科学拟定高校辅导员职业准入规划，需要通过对当前高校辅导员队伍建设现状进行全面分析。为此，高校必须遵循德才兼备、以德为先，优化队伍结构，竞争与择优等原则，注重层次性、灵活性，设置科学的职业准入标准。科学评估高校辅导员的岗位需求，保证高校辅导员数量。高校应严格按照教育部规定的师生比例配置专职辅导员岗位，合理设置队伍编制，保证辅导员的数量。高校应充分考虑办学规模、注重办学的经济效益，在保证每个年级至少有 1 名专职辅导员的前提下，坚持"专兼结合、以专为主"的构建模式，合理补充和配备专、兼职辅导员。科学评估高校辅导员队伍的素质和工作能力，有针对性地调整准入标准和条件，通过科学准入机制的实施，能够改善高校辅导员队伍整体结构中存在的问题。科学规划准入流程，有利于确保高校辅导员的选拔、聘用有序推进。为此，高等学校辅导员队伍建设的组织机构或负责人除了要充分考虑辅导员准入的条件、岗位数量需求之外，还应将考核时间、地点、内容、方式以及流程等具体内容公之于众，让广大应聘者能够以良好的从业心态选择适合自己的工作岗位。

其次，拓宽辅导员的选拔渠道。随着"人才资源是推动社会经济发展的第一资源"，各行业对人才的争夺和竞争更为激烈。为选择优秀的高校毕业生，不少企业已经将校园招聘的时间大大提前，招聘地域范围不断扩展，人才测评的措施和方法不断优化。这种现象既为高校选拔辅导员提供了有效的借鉴和启示，同时也对高校选拔辅导员合适的、优秀的辅导员提出了新的挑战。为此，扩大高校辅导员职业准入的选拔范围、拓宽高校辅导员职业准入的渠道应当引起高校辅导员队伍建设主体的高度重视。随着信息科学技术的不断发展，新媒体已成为信息社会交流和获取信息的重要载体。高校可以充分利用网络、电视、报纸等大众传媒发布辅导员招聘信息，拓展高校辅导员的选拔范围。高校应当坚持"走出去、请进来"的选聘理念，学校领导可组织招聘并深入就业市场或其他高校选拔合适的人选。高校应加强高校辅导员队伍的组织文化建设，切实保障和提高辅导员队伍的经济收入和政治地位，扩大社会影响，增强高校的吸引力和影响力，以吸纳更多的应聘者竞聘辅导员岗位。

最后，组建选拔测评主体。组建高校辅导员职业准入的测评主体事关高校辅导员选拔、聘用的成败。根据管理学中的冰山理论知识，把一个员工的全部才能比喻成一座冰山，呈现在人们视野之中的部分，如员工的资质、知识、行为和技能只有 1/8，而看不到的却占 7/8。看不到的 7/8 是由职业意识、职业道德、职业态度三个方面形成的才能基石。海面之下的是潜在的、隐性的且最为重要的，这对高校辅导员职业准入测评主体的素质和能力提出了新的要求与挑战。因此，如果没有一支优秀的具备一定专业理论知识和实践工作经验的测评队伍，高校是难以在众多竞聘者中遴选到合适的辅导员的。

（四）实施科学的测评方法

人才选拔日益成为组织发展和改革中最重要、最关键的基础环节。选择合适的人员不仅有助于推进组织的发展，而且有助于发挥人才自身素质和能力，更好地实现人尽其才、才尽其用的科学配置。现代人力资源管理学科的日益完善为辅导员选拔提供了新的切入点和视角，对实现队伍人力资源的合理配置、提高管理效能和工作绩效提供了新的理论依据和技术方法，具有一定的理论价值和实践意义。

首先，实施面试测评法。面试是测评者与被试者进行双向信息交流的过程，是考察被试者是否达到职位所要求的素质标准的一种测试手段。目前全世界约有 80% 的组织都将面试运用在人才的选拔过程中。面试也是高校辅导员选聘中大都会采用的环节。测评主体在查阅应聘者自荐材料的基础上，应有针对性地设置问题选项，考核应聘者的素质和能力。事实证明，通过面试，测评者可以考核出辅导员应聘者的仪表风度、分析能力、言语能力、理解能力、策划能力、组织能力、应变能力及情绪稳定性等职业素养和职业倾向。面试测评法程序简单，投入不大，所以被广泛地运用，但是由于不同测评主体的素质能力、性格偏好存在差异，面试也存在人为主观干扰较大的弊端。

其次，实施心理测试法。有的高校已经开始在辅导员选拔中采用心理测验法，对应试者能力、个性以及动机进行测试。实施科学的职业准入测评方法需要运用韦氏智力测验、瑞文推理测验等进行能力测试，采用卡特尔 16PF[①] 人格测量、加州青年人格问卷（CPI）、明尼苏达多项人格问卷等进行个性测试，采用主题统觉测验、句子完成法等进行动机测试。动机是胜任特征中最深层、最不易测试的成分，所以对动机的测试主要采用投射测验，让应聘者在没有控制的情况下，对多种含义模糊的刺激，不受限制地、自由地做出反应，从而不自觉地表露出人格特

---

① 一般指卡特尔 16 种人格因素问卷。

质。如主题统觉测验中，让应聘者将所看到的图片通过讲故事的形式予以描述，测试者可以通过应聘者的描述分析出其面临的压力状况、求职的欲求及情感状况等。在卡特尔 16PF 人格测量中，为体现人格特点的 16 个因素，每个因素都以分值来体现。假如应聘者在乐群性上为低分，就说明他少言语，为人冷淡，性格孤僻。辅导员要善于与人交往，需具有较好的人际关系协调能力。从这一点看，该应聘者不适合做需要教育和管理学生的辅导员工作。运用心理测试法选拔辅导员具有较强的科学性和预见性，是从定性向定量测评转变的有效载体。但由于心理测试法对测评主体的专业能力要求较高，成本投入较大，能够将其运用在辅导员职业准入测评中的高校目前还为数不多。

最后，运用动态测试法。动态测试法是将应聘者安排在辅导员岗位上实习，通过情景模拟考察法对应聘者在具体工作岗位上表现出的行为及心理表现进行考察，以判断其胜任力特征。通过观察应聘者对学生冲突事件的处理，可以了解其在工作中是否讲原则，人际关系协调能力、语言表达能力、决策能力如何等；通过对应聘者撰写的工作方案、活动总结及新闻稿等进行分析，可考查其组织策划能力及专业知识情况等；通过观察应聘者组织学生活动的情况，可以考查其对岗位的认可和投入程度、亲和力、组织能力、团队合作能力如何等；通过分析学生对应聘者考评的结果，可以分析出其职业角色定位是否准确，是否理解、尊重、关爱学生，是否关心学生的状况和思想道德水准等。

二、专业化培训

加强高校辅导员队伍专业化培训是高校辅导员队伍人力资源开发的重要途径。有效的培训有助于提高队伍素质，优化队伍结构，提升工作能力，增强育人效果。加强新时期高校辅导员队伍培训，应坚持科学的指导原则，优化培训环境，规范培训管理，不断增强高校辅导员培训的实际效果，畅通高校辅导员队伍专业化、职业化和专家化发展道路。

（一）明确培训的原则

加强新时期高校辅导员队伍培训是高校辅导员队伍专业化、职业化和专家化发展的必由之路。应坚持理论性与实践性相结合、系统性与层次性相结合、长期性与发展性相结合以及全面性与骨干性相结合的原则，组织开展高校辅导员队伍的培训工作。

首先，理论性与实践性相结合的原则。高校辅导员队伍培训是以高校辅导员队伍素质和能力的提升为目的的教育教学活动。思想政治教育是一门科学，辅导员必须通过相对系统的理论学习和培训，丰富和夯实自己的理论根基，掌握马克思主义基本理论，具备扎实的思想政治教育专业基础知识和相关知识，为科学开展大学生思想政治教育和管理工作奠定坚实的理论基础。培训的最终目的是把辅导员工作做得更好，这要求辅导员培训要根据国家要求和社会发展的需要以及辅导员和大学生的成长与发展规律实施培训，在提高辅导员理论水平和认知能力的情况下，注重学以致用，创造实践机会，紧密联系新的形势和任务，联系辅导员的思想和工作实际，把传授理论知识同解决实际问题、总结经验、推进工作结合起来。

其次，系统性与层次性相结合的原则。有效的培训需要在通过对培训需求进行客观分析的基础之上，制定科学系统的、能体现层次和差异性的培训规划。在高校辅导员队伍培训中，坚持系统性原则需要全面分析受训群体的客观需要，有针对性地组织培训的内容，合理配置培训师资，科学选择和运用合适的培训方法，提高培训的针对性和实效性，避免培训的随意性、盲目性和无序性。系统性和层次性培训关注的是培训对象的客观需求和培训内容方法的具体运用，是一种自下而上的培训理念。坚持系统性和与层次性相结合的培训原则不仅可以科学合理地进行资源配置，避免人力、物力和财力的浪费，而且可以提升培训的吸引力，增强培训效果。

再次，长期性与发展性相结合的原则。高校辅导员队伍培训的长期性是受客观规律和队伍发展现实需要所支配的。培训的长期性与发展性是受高校辅导员队伍素质、能力提升的客观规律所支配的。任何人素质能力的提升都是一个循序渐进、从低到高的螺旋发展的过程,不可能一蹴而就,不可能一次性实现素质能力质的飞跃。坚持培训的长期性与发展性是为了满足教育对象和社会环境不断变化的现实需要。随着我国改革开放的不断深入,国际国内形势的深刻变化对大学生产生了新的影响,高校辅导员需要通过培训提高自己应对各种新情况、解决新问题的能力。全国高校辅导员队伍庞大,需要进行长期的、持续的教育培训。坚持发展性原则,需要高等学校力戒重使用、轻培养的片面认识。高校辅导员队伍建设者需要坚持以人为本、全面协调可持续的培训理念,将培训工作贯穿高校辅导员队伍职业发展的全过程,以战略的眼光组织辅导员培训,正确认识智力投资和人才开发的长期性和持续性,充分认识到加强高校辅导员队伍培训的核心目的是满足大学生人才培养的内在要求。高校辅导员通过专业化培训,不断更新自身知识和调整能力结构,提升职业所必需的各种素质,是顺应时代发展的必然选择。高校辅导员队伍应自强不息,自觉培养和树立终身学习的发展理念,不断提升综合素质和工作水平。

最后,全面性与骨干性相结合的原则。加强高校辅导员专业化培训,应根据辅导员队伍的规模和数量,采取全面性与骨干性相结合的原则。全面性培养是指在实施辅导员队伍专业化培训中,应注重全体辅导员整体素质的共同提高,通过岗前培训、系统轮训等途径,确保每一位辅导员都能接受相对系统的、全面的培训,从而提高辅导员队伍的整体素质。骨干性培养是指为实现专家化培养目标而采取的培训措施,其目的在于打造辅导员队伍中的核心领军人物和业内专家。坚持全面性与骨干性相结合,即是注重辅导员队伍培养量与质的辩证统一,既保证队伍整体素质的提高,同时又注重对专家型辅导员的打造,这是辅导员专业化培训应当遵循的基本原则。

（二）营造良好的培训氛围

实现高校辅导员队伍专业化培训需要优化培训环境。高校辅导员队伍培训的政策制度、经费投入、培训平台以及基础保障等方面都需要得到加强和落实。

首先，营造良好的政策环境。一直以来，党和国家高度重视高校辅导员的培训工作，从政策层面为高校辅导员培训铺平了道路。各地、各高校应当紧密结合教育部关于高校辅导员培训的相关政策，制定相应的培训政策和制度，采取相应的措施，大力加强高校辅导员的培训工作。各地、各高校应紧密结合自身的实际情况，制定和出台相应的培训政策，扫清培训中思想认识、意识行为上的障碍，为辅导员培训定向护航，营造良好的政策氛围。

其次，加大培训投入。要在政策指导的基础上，采取实际行动和可行措施，加大培训的人力、财力和智力投入，确保培训工作和培训活动顺利开展。

一是加大培训的人力投入。开展高校辅导员专业化培训，需要设置专门的培训组织管理机构，国家、地方、高校应建立高校辅导员培训领导小组，负责决策、组织和实施。领导小组在整个教育培训中居于主导地位，对培训的质量和效果具有决定性的影响。同时，应该加强高校辅导员培训师资力量的建设和投入。应配备专人负责组织培训工作，使培训管理和组织工作持续发展。培训师资队伍是实施高校辅导员队伍培训的教学主体，决定着培训的质量和效果。

二是增加培训的财力投入。在市场经济条件下，实现高校辅导员的专业化培养需要一定的财力投入，在经济上保障各项培训工作正常进行。一方面，国家和地方财政要加大辅导员培训基地等培训平台建设经费的投入。另一方面，要保证培训运行经费，其中应包括培训组织管理机构的运行经费，划拨和预留专项经费用于培训教职员工等的工作酬劳。各高校应按照学校教师培训经费的标准，划拨辅导员学习交流和考察实习等培训专项经费。为保证辅导员培训的财力投入，国家应以法律法规的形式进行明确规定。从筹集范围来讲，辅导员的培训经费应包括行政划拨和自筹经费两个部分，在齐抓共管的格局下保障辅导员培训经费到位。只有加大高校辅导员培训经费的投入，培训组织者才能更好地组织和实施培训，广大辅导员才能更好地投入培训和学习之中，保证培训的可持续发展，实现更好的效果。

三是增强培训的智力投入。迄今为止，招聘时高校辅导员还没有设立专门的学科背景门槛，高校辅导员专业背景多样，不利于其职业化和专业化发展。目前虽然将思想政治教育专业学科作为辅导员开展工作的基础性学科，但是真正思想政治教育专业科班出身的辅导员人数较少。同时，即便是具备思想政治教育学科背景，也难以满足当前大学生思想政治教育和管理工作的现实需要。因此，在辅导员培训中，应加大培训的智力投入，以教育部和地方高等教育主管部门为牵头单位，积极组织专家、学者，以及教育主管领导等共同设计培训方案，编写贴近当前辅导员工作实际的培训教材。加强智力投入是高校辅导员专业化培训中辅导员理论提升和规律探索的重要途径和根本措施。不对高校辅导员培训实施必要的智力投入，难以提高辅导员的培训效果和质量。

最后，搭建培训平台。要实现高校辅导员专业化培训，需要搭建专业化的培训平台。搭建辅导员培训的平台，需要从理论提升、实践锻炼和网络开发等层面进行普及和加强。

一是构建三级培训平台。从平台建设的层次上讲，可以建构以教育部领导的全国高校辅导员培训和研修基地的国家级平台，以地方高等教育主管部门领导的地方培训平台和以高校为主体的校本培训平台。从目前的情况来看，各地培训基地发展还很不平衡，在校本培训方面，各高校发展极不平衡，需要继续加强建设。虽然有不少高校能够紧密结合高校人才培养、学校和辅导员发展的现实需要，严格遵照教育部和本地辅导员培训的政策文件进行系统全面的辅导员校本培训，但大部分高校仍未能很好地组织辅导员校本培训，呈现出培训内容零散、培训时间随机、培训质量不高等特点。为此，需要进一步加强对辅导员校本培训的探索和研究，加大对各高校校本培训的指导和考核，确保系统的校本培训能为辅导员素质的提高、业务技能的提升做出积极的贡献。

二是建立辅导员培训的实践基地。高校辅导员工作是一个理论性和实践性并存的职业。加强辅导员专业化培训需要建立辅导员的培训实践基地，让广大辅导员在鲜活的现实生活中不断完善自我，提升技能。地方高等教育主管部门和各高校可以根据辅导员工作的职业特质和工作的实际需要建立当地的社会实践基地。有条件的省市或高校还可以开设辅导员心理健康或职业生涯规划工作坊，全面加强高校辅导员培训的物力投入，为辅导员专业化培训搭建良好的平台。

三是建立辅导员网络培训平台。加强高校辅导员培训不仅需要建立与学生工作等相关的纸质书刊和电子图书库，而且需要建立网络学习平台、交流平台以及网络培训资料库。通过现代先进的软件和网络技术推进辅导员网络学习平台建设，让广大辅导员在网络上进行自主学习、讨论交流、接受专家指导以及教学研究。同时，通过设置不同层次、不同内容的学习模块，满足不同层次辅导员的具体需求。

（三）加强培训的管理

系统规范的培训管理是高校辅导员专业化培训的重要内容和有机组成部分，有助于各项培训工作有序推进，全面提高专业化培训的质量和效果。规范培训管理需要全面分析辅导员的培训需求、制订中长期培训计划、系统组织实施培训和考核评价培训。

首先，分析培训需求。高校辅导员培训和其他培训活动一样，需要进行必要的培训分析。客观实施高校辅导员培训需求分析是提高培训针对性和实效性的基础和前提。根据培训管理理论，培训分析主要分为组织分析、任务分析和员工分析。同样的道理，高校辅导员培训分析可以分为组织发展目标需求分析、工作任务需求分析以及辅导员发展需求分析。

其次，注重培训过程管理。切实提高辅导员专业化培训效果，需要加强对培训实施的过程管理，确保培训工作有序推进和培训质量的整体提高。为此，需要充分发挥培训组织机构的培训职能，加强对培训师资队伍教育培训的管理和接受培训的辅导员在培训期间的管理。

最后，加强对培训的考核评估。切实加强对高校辅导员培训的考核评估既可以检验培训的效果和质量，同时又可以优化和改进培训方法，是专业化培训的必要环节。根据培训管理相关理论，广义的培训评估是指对培训项目、培训过程和效果进行评价。狭义的培训评估主要是指对培训的最终效果进行评价，是培训评估中最为重要的部分，也是目前最常见的一种评估，其目的在于衡量培训的效益，为后期培训计划、培训项目的制订与实施等提供有益的帮助。

（四）完善培训内容体系

高校辅导员队伍专业化培训需要进行系统专业的内容设置与开发。为此，要根据高校辅导员专业化培训的目标和任务，从满足高校大学生思想政治教育与管理工作的需要出发，结合辅导员自身发展的实际情况进行课程设置和内容开发。为满足当前和今后一段时期内高校辅导员专业化培训的需要，各级辅导员培训组织管理机构应整合资源、集中优势，从高校辅导员的专业知识和业务技能层面建构培训内容体系。

一方面，完善专业知识的培训体系。辅导员专业知识内容体系主要是指支撑辅导员科学有效开展大学生日常思想政治教育和管理所应具备的专业背景和专业知识储备。由于没有专门针对辅导员开设的学科专业，辅导员的专业背景复杂多样，即便是思想政治教育学科专业背景的辅导员也难以满足当前大学生日常思想政治教育和管理的现实需要。只有不断加强辅导员专业知识内容体系的开发，以科学的理论武装辅导员的头脑，指导辅导员工作实践，才能提高其教育、管理和服务大学生的水平，促进高校辅导员专业化发展。

另一方面，完善业务技能的培训体系。专业技能主要是指人们解决具体问题、完成具体任务时所必须具备的各种能力。辅导员的专业技能是辅导员工作水平的直接体现，也是辅导员社会价值和社会认同的物质中介。

（五）科学选择培训方法和路径

创新辅导员培训方法，需要对培训需求、培训目标设定和培训内容体系进行具体分析，坚持传统与现代相结合、理论教学与实践认知相结合、内部提升与外部借鉴相结合，充分发挥培训主客体的积极性，全面提高辅导员培训的针对性和实效性。

一方面，科学选择培训方法。随着培训理论和培训技术的不断发展，新的培训方法不断涌现。全面分析辅导员培训方法的优劣，有助于科学选择培训方法，增强培训效果。

另一方面，合理选择培训途径。在实施培训需求和培训内容分析之后，需要有针对性地选择合理的培训途径。围绕培训目标，可以选择以项目为核心的科研提升途径、以学术交流为核心的技能提升途径、以学习为核心的知识提升途径。

一是要组织辅导员主持或参加社科基金项目研究。实现高校辅导员队伍的科学发展，需要搭建高校辅导员队伍的科研平台，逐步提高他们的科研能力，逐步实现他们从经验型向科研型、从事务性向科学性方向发展。由于各地、各高校对辅导员队伍的重视程度不一，教育部的科研项目相对有限，因此各地和各高校每年都应设置适用于辅导员队伍的专项科研项目，在政策上予以倾斜，让更多的辅导员能主持或参与项目研究。除此之外，还应搭建辅导员队伍科研项目的支撑平台，其目的是让辅导员或辅导员团队通过课题立项申报，获取科研经费支持，在一定的时期内专门攻关相关课题，提升辅导员的科研能力，积累科研成果，提高育人本领，为职业化发展奠定基础。

二是要加强辅导员队伍的学术交流。通过组织不同层次、不同级别的高校辅导员工作论坛，搭建辅导员队伍理论研讨和工作交流的平台。根据辅导员队伍职业化发展的要求，各地可以借鉴教育部组织的全国高校辅导员工作创新论坛的运行模式，每年提前将论文征集的基本要求广泛宣传，收集学术论文，在专家评审的基础上挑选优秀的论文汇编成册，供全体辅导员学习借鉴。还可以组织开展大学生思想政治教育、心理健康、职业生涯辅导、社会实践或学生事务管理等专项性经验交流会，通过开展小组讨论、座谈或参观红色基地等方式，搭建辅导员学习、交流的平台。搭建辅导员队伍的学术交流平台，不但可以在辅导员队伍内部实现信息、资源和经验共享，更重要的是能够让广大辅导员在交流学习的过程中感受和增强归属感、荣誉感和责任心，这对于提升辅导员队伍的社会声誉和推进辅导员队伍职业化发展具有极其重要的作用。

三是要提供辅导员队伍的学习指导。鉴于具有思想政治教育专业背景的高校辅导员比例较低，博士、硕士学历比例不是很高的情况，有必要实施辅导员导师制，搭建辅导员的学习指导平台。高校可充分利用本校马克思主义学院、思想政治教学部的专业教师资源和领导干部资源，为辅导员配备专业理论导师和业务指导教师，从组织层面不断加强辅导员队伍的基础知识储备和业务技能。可以由资深辅导员牵头组建学习型辅导员团队或专业性协会，充分发挥队伍内部成员的特长和优势，使辅导员们在理论提升、经验传承、实践创新等方面互帮互助，共同进步。

与此同时，各级培训单位还需要积极为辅导员提供国内国际交流、考察和进修的机会，通过校企挂职，校际、校内岗位轮换等途径，拓宽辅导员的视野，增强培训效果。

三、职业化发展

高校辅导员队伍职业化是在高等教育行政组织推动和辅导员队伍共同努力的基础上，实现高校辅导员从普通岗位向一种社会所认同的职业转变的建设和发展过程。高校辅导员队伍职业化发展是辅导员成为一种职业的必经之路，也是高校辅导员职业获得社会价值认同的内在要求。

（一）完善辅导员专业技术职务评聘制度

国家应完善高校辅导员队伍的职称评聘制度，以体现辅导员的社会地位、工作价值、业务技能和学术水平，充分体现对辅导员队伍的尊重与认可。完善辅导员专业技术职务评聘是改善队伍职称结构的重要途径，有助于维持队伍稳定，推进队伍职业化发展。

首先，成立高校辅导员专业技术职务评聘评议小组。根据"指标单列、条件单列、评审单列"的原则，各地高等学校教师职务评审委员会中应当单独设立学生思想政治教育学科评议组，负责评审本地高校学生思想政治教育工作者的高级专业技术职务任职资格，将辅导员队伍的专业技术职务评聘纳入其中，并依据与其他专业教师的比例数单列指标。具有评审权的高校直接设立学生思想政治教育学科评议组，负责本校辅导员和其他学生思想政治教育工作者的专业技术职务评聘和推荐工作。

其次，科学设置职称评定等级。参照专业教师职称评定等级，辅导员队伍职称等级同样分为助教、讲师、副教授、教授四个等级。根据专业教师职称评聘时间规定，考虑到辅导员工作的实际情况和政策倾斜，辅导员职务评聘的工作年限可以规定为除助教工作一年后评定外，其余职称级别在辅导员每教完一届学生的时间段内进行评定。

再次，科学建立职称评聘指标体系。根据高校辅导员队伍的工作职责和工作性质单列指标，注重考评辅导员"德能勤绩廉"五项指标，将学生评价和工作实效纳入考评体系，科学赋值、合理化权重，量化考评。助教、讲师要关注辅导员平时的工作表现和特殊时期的表现，侧重并适当降低科研成果的标准；副教授和教授评聘时既要注重辅导员的工作业绩，也要适当考核辅导员的科研成果。

最后，职称指标单列，合理调节职称比例。高校应按照不低于现有专业教师现有职称等级的比例为辅导员队伍分配比例。在科学考核的基础之上评聘副教授、教授级辅导员，并确保校内相应职称的待遇，填补高校教授级辅导员的空白，打造合理的队伍建设梯队，培育专家化辅导员。只有建立和实施高校辅导员队伍职称评定制度，才能从机制上、根本上保障辅导员队伍的发展，提升工作积极性，从源头上解决队伍流失严重，稳定性差的局面。

（二）实施辅导员行政职务评定

基于高校辅导员管理者的角色，应对高校辅导员实施行政职级评定机制。实施辅导员行政职务评定，是对辅导员专业技术职务评聘的有效补充，是解决部分辅导员工作表现突出，大学生思想政治教育与管理效果优异，但因其学术科研能力较弱而未能评聘专业技术职务的辅导员的发展出路的有效途径。

首先，科学设置职务晋升等级。目前，高校内部处级干部岗位的数量与辅导员自身发展的需求存在突出的供需矛盾，迫切需要建立和完善辅导员队伍职务晋升制度。高校可根据校内职能部门管理岗位设置情况，让辅导员享受初级、副科、正科、副处、正处五个职务级别的待遇，根据相应的工作年限和标准予以对应级别的晋升。

其次，科学拟定职务晋升指标。应根据"高等学校应当制定辅导员管理岗位聘任办法，根据辅导员的任职年限及实际工作表现，确定相应级别的管理岗位等级"的要求，参考辅导员职称评定指标的基本要求，侧重强调辅导员平时工作表现、特殊时期的表现和工作年限，在对高校辅导员全面考核的基础上，确定相应行政级别，享受校内其他行政级别的相应待遇。

最后，优化职务晋升方法。建议在高校年度考核的前提下，按"3n+1"的年限予以晋升。n代表职务的级别（初级＝0，副科＝1，……）。除了年限条件外，还需要根据考核优秀次数等相关条件，进行破格、正常、延迟晋升，从而有效促进辅导员队伍的发展。

（三）拓展职业纵深发展渠道

随着高校辅导员工作职责不断增强、工作覆盖的内容不断增多、教育管理的难度不断增大，那种面面俱到、仅凭单个辅导员一己之力教育管理几百名学生的传统工作方式已经难以满足现代高等学校学生教育管理的客观需要，不仅工作效果大打折扣，而且极不利于辅导员队伍的职业化发展。应根据教育管理的客观需要，开辟以大学生思想政治教育和管理为主线，侧重心理辅导、职业引导、学业指导和学生事务管理专门化的纵深发展渠道，这是推进辅导员职业化发展新的着力点和突破口。

首先，侧重思想政治教育职业化发展。高校辅导员队伍的根本职责是对大学生开展思想政治教育，培养新时代中国特色社会主义事业的合格建设者和可靠接班人。因此，高校辅导员应夯实自身马克思列宁主义理论基础，系统掌握思想政治教学原理、思想政治教育方法论等专业知识，根据思想政治教育方向的专业技术职务评聘的要求，走职业化发展道路。通过不断学习和培训，用理论指导实践，使自己逐步成为大学生思想政治教育领域的专家、学者和领军人物。

其次，侧重心理健康教育职业化发展。为了促进大学生健康成长，对大学生实施必要的心理辅导是高校人才培养的必要环节，是对大学生思想政治教育的有益补充。为满足大学生心理健康教育的现实需要，高校辅导员可以选择心理辅导职业化发展。辅导员通过系统的专业心理辅导培训和参加国家心理健康教育的资格考试，成为合格的心理咨询师，使自己了解和掌握大学生心理健康教育的专业基础知识，能科学运用心理健康测试的先进方法进行科学诊断，有针对性地对大学生实施心理健康咨询、心理健康教育，能够有效识别大学生的心理问题并进行心理干预，为大学生的健康成长保驾护航。高校辅导员走心理健康辅导职业化发展道路，要使自己在心理健康教育方面不断学习和积累，逐步成为初级心理咨询师、中级心理咨询师和高级心理咨询师。

最后，侧重职业生涯辅导职业化发展。随着我国高等教育规模不断扩大，大学生毕业人大量数增加，大学生就业压力也在增大，大学生就业成为当前高校最现实、最紧迫的问题之一。加强对大学生职业生涯的辅导对于提高大学生就业率和就业质量，有效实现人才资源的优化配置，以及促进学校发展都具有重要的意义。这需要辅导员对大学生的职业定位、自我认知、择业决策、职业生涯规划和事业发展、职业道德等领域进行指导，帮助大学生科学地进行职业定位，拥有积极乐观的就业心态和系统扎实的知识、技能储备。为此，高校辅导员可以通过参加职业培训师教程（TTT）和全球职业规划师（GCDF）等专业性职业生涯发展规划的培训，成为优秀的职业生涯规划师，为学生的成长和发展做出科学的引导。

四、系统化评价

对高校辅导员队伍建设进行评价，是为了总结和评估队伍建设过程中存在的问题与不足，为采取有效措施改进和加强队伍建设提供有力的依据和保障。科学化评价辅导员队伍建设需要明确高校辅导员队伍建设评价的意义，在遵循客观规律的情况下，构建系统、科学的评价体系。

（一）充分认识高校辅导员队伍建设评价的意义

当前，高校辅导员队伍建设评价还并未引起理论界和学术界的高度重视，但其重要的工具价值却关系到高校辅导员队伍建设的成败和每一个辅导员自身的发展。充分认识高校辅导员队伍建设评价的意义，对于科学建构评价指标体系、全面贯彻落实"以人为本"具有重要的价值。

首先，高校辅导员队伍建设评价是辅导员队伍建设持续发展的重要保证。根据系统论观点，一个完整的系统应当包含输入、输出、控制、反馈等环节，这样才能组成完整的闭环系统。高校辅导员队伍建设如果只关注输入、输出，对系统内在或外界的干扰不能进行有效诊断，不能依靠反馈形成闭环系统的话，其建设效果可想而知。因此，高校辅导员队伍评价本身就是队伍建设过程之中的重要环节，而且是必不可少的环节。改革开放以来，党和国家高度重视大学生思想政治教育，恢复了一度中断的高校辅导员制度，重申了辅导员在高校人才培养中的重要地位和作用，大力展开高校辅导员队伍选聘、管理、培养、考核和发展等一系列制度的设计与创新，积极探索高校辅导员队伍建设的长效机制。评价作为高校辅导员队伍建设的重要内容和环节，有助于促进高校辅导员队伍建设其他机制的健全和完善。事实上，开展高校辅导员队伍评价过程，就是对各地、各高校辅导员队伍建设工作的检查、指导、诊断和督促。通过客观准确的评价，使评价主体对高校辅导员队伍建设的工作情况和工作效果有一个全面清晰的认识，对高校辅导员队伍建设的效果进行准确衡量，为持续推进辅导员队伍建设工作提供客观依据，以便发现队伍建设在哪些方面还存在不足，从而为制定新的改进措施提供指导性和建设性意见，进而推动辅导员队伍建设的可持续发展。

其次，高校辅导员队伍建设评价是高校辅导员职业发展的重要保障，是实现高校辅导员队伍建设目标的重要途径。高校辅导员队伍建设评价关乎我国高校辅导员队伍成长、发展中的切身利益，需要考查辅导员职业的准入机制、培训机制、管理机制和发展机制等内容，有助于确立辅导员的职业边界、职业门槛，提升辅导员的职业地位。高校辅导员队伍建设评价还可以科学定位高校辅导员队伍的工作职责，将辅导员从事务型的工作模式中解放出来，使其把主要的时间和精力投入大学生思想政治教育和管理等核心工作中，为实现专业化、职业化和专家化创造条件。同时，在科学评价的基础之上，还可以促使高校客观认识辅导员队伍建设中存在的突出问题，进一步制定和完善辅导员职业的标准体系，提高辅导员队伍的整体素质，增强辅导员队伍的职业认同感和归属感，增强辅导员工作的社会影响力和实效性。在高校辅导员队伍建设评价中，高校辅导员本身既是评价的主体又是评价的客体。通过辅导员队伍的自我评价、形成性评价和终结性评价，使辅导员发现自己的优势与不足，从而有针对性地实现自我认识、自我改变、自我完善和自我超越，为自身业务素质的提升提供指导和帮助。

最后，高校辅导员队伍建设评价能够引导高校辅导员队伍建设主体重视辅导员队伍建设。通过辅导员队伍建设评价体系的建构，各地、各高校的辅导员队伍建设主管部门能够更加明确自己的工作职责和工作要求，并且按照评价体系的要求去贯彻执行，认真检验高校辅导员队伍建设工作落实的效果，在工作中不断探寻新的方法和措施，真正形成责任明确、职能清晰的辅导员队伍建设和管理格局。同时，评价的基本功能包括及时将评价的结果反馈给组织管理者，使组织管理者针对反馈信息及时采取有针对性的措施，对存在的问题进行改进。在全国范围内开展高校辅导员队伍建设的科学评价，有助于在各地、各高校间形成对比与竞争。根据建设评价的反馈信息，让各地、各高校明确自身在辅导员队伍建设中存在的差距，便于其采取有效措施加以改进和加强。如果高校辅导员队伍建设只有布置没有检查，只有要求没有考核，再好的政策和措施都难免流于形式。同时，为了充分体现评价在高校辅导员队伍建设中的重要作用，辅以必要的奖惩措施是确保高校辅导员队伍建设成功的重要举措。

（二）构建高校辅导员队伍建设评价指标体系的原则

建立高校辅导员队伍建设评价指标体系，需要尊重队伍建设内在的客观规律，深入研究队伍建设的指导思想、核心要素和过程环节，坚持以内容方面的系统性、操作层面的可行性以及队伍自身的发展性原则为统揽。

1. 系统性原则

高校辅导员队伍建设是一项系统性工程，决定了辅导员队伍建设评价的系统性。需要从系统和联系的观点研究辅导员队伍建设的评价指标体系。一是评价指标内容的完整性。建立高校辅导员队伍建设评价指标体系，需要对辅导员队伍建设的关键事件进行全面分析，做到不遗漏空缺、不重复交叉，体现指标体系内在的完整性、统一性与严谨性。辅导员队伍建设包括选拔配备、培养发展、考核管理等内容，这既是队伍建设的过程环节、方法途径和体制机制，又是设计队伍建设评价指标体系的核心内容。只有对辅导员队伍建设的过程环节准确诊断、客观评判，才能全面掌握队伍建设实际情况，为有针对性地解决辅导员队伍建设中存在的困难和问题提供决策和指导。二是注重评价指标体系的逻辑性与层次性。科学的评价指标体系不应是各个指标的简单堆砌与罗列，而应在科学理性分析的基础上体现出各评价指标在理论上的逻辑性以及评价指标不同权重的层次性。

2. 发展性原则

建立和设计高校辅导员队伍建设评价指标体系应在聚焦辅导员队伍建设目的性的同时，积极关注辅导员自身的发展性，辩证统一地处理发展性与目的性的关系。高校辅导员队伍建设的直接目的是提高辅导员的思想政治素质和业务能力；间接目的是促进和推动高校自身的改革和发展；根本目的是提高青年学生的思想政治素养，促进青年学生全面发展。而事物发展的根本标志是提高其存在的价值。建立辅导员队伍建设评价指标体系需要抓住阻碍和束缚辅导员队伍发展的主要矛盾，以求用科学的评价指标体系促进高校辅导员队伍建设。因此，聚焦辅导员队伍建设的目的性，关注辅导员自身的发展性、高校发展的持续性和学生成长的宗旨性应是科学建构评价指标体系的题中要义。对学校、辅导员和青年学生三者而言，在辅导员队伍建设评价指标体系中，辅导员居于核心地位，目的是通过辅导员自身的全面发展推动学校的建设、改革和发展，以及促进青年学生的全面发展，切实提高高校人才培养质量。

3. 科学性原则

高校辅导员队伍建设评价不应只停留在实践感性的认识层面，而要上升为科学理性的价值追求，应在科学理论的指导下深入研究。一是评价指标体系的科学性。需要根据测量学的基本理论，充分运用关键绩效指标（KPI）理论确定核心指标体系，利用多元智能理论避免指标体系的片面性，利用全方位的绩效考核法确保评价主体的全面性。二是评价操作的可行性。所谓可行性，就是考核的目标要清晰具体，要使较为抽象的考核项目具体化和直观化，以增强其可度量性和可操作性。因此，在设计评价指标体系时，需要关注操作运行的便捷性、资源成本的节约性和评价结果的可比性，只有这样，设计和选取的评价指标才具有价值和意义。三是评价数据的科学性。根据现代测评学的基本理论，需要对采集到的辅导员队伍建设评价指标体系的数据信息进行信度、效度和区分度等的检验，依托现代先进的测量技术和方法，考虑各指标的权重、常模等，以用于衡量和比较评价信息的结果。

（三）科学确定高校辅导员队伍建设评价指标体系

高校辅导员队伍建设评价指标体系是指由表征高校辅导员队伍建设特性及其相互关系的具体指标所构成的具有内在结构的有机整体。建立高校辅导员队伍建设评价指标体系，有助于丰富和发展高校辅导员队伍建设的理论基础，有效诊断、全面掌控辅导员队伍建设的实际效果，科学引领和全面推进高校辅导员队伍建设。基于建立高校辅导员队伍建设评价指标体系原则的分析，结合对辅导员队伍建设的政策文件、理论研究成果和实践规律的总结，需要建立三级评价指标体系。

1. 思想认识指标

设置高校辅导员队伍建设评价的思想认识指标是为了检测高等学校以及辅导员个体对高校辅导员队伍建设的思想认识和重视程度，是辅导员队伍建设的前提。一直以来，党和国家高度重视高校辅导员队伍建设，辅导员队伍逐渐向专业化、职业化和专家化方向发展，但就全国而言，各地各高校之间辅导员队伍建设发展仍不平衡，有的地区和高校的辅导员队伍建设还存在一些亟待解决的问题，原因之一是辅导员队伍建设主体对辅导员队伍建设的思想认识不深以及重视程度不够。为此，应在思想认识指标体系下设高校辅导员队伍建设政策执行指标、领导重视指标以及辅导员自身价值认同指标三个二级指标。

2．过程环节指标

高校辅导员队伍建设评价的过程环节指标是为了评价队伍建设的运行过程，是队伍建设评价的关键环节。辅导员队伍建设有其内在的规律和机制，就队伍建设的组织方式和运行模式而言，主要涵盖了队伍的组建、培养、发展和管理四个环节。因此，辅导员队伍建设评价的过程环节指标体系中应当包含辅导员队伍的选拔、培训、发展和管理四个二级指标，旨在检测队伍建设各环节的执行和落实情况。辅导员队伍建设主体既要建章立制、有章可循，又要保证数量、提升质量，同时还要科学管理、关注发展，最大限度地激发辅导员的工作激情，提升辅导员的育人效果。

3．目标效益指标

高校辅导员队伍建设的目标效益指标，既是为了检测辅导员队伍建设本身最终的效果，同时也是为了检测辅导员开展工作的实际效果，是辅导员队伍建设评价的价值归宿。高校辅导员队伍建设作为一项社会实践活动，其建设效果体现为辅导员队伍自身建设成效以及辅导员对学生培养的质量方面，是辅导员队伍建设的目标。通过加强辅导员队伍建设，一方面使辅导员队伍的数量、质量不断提升，结构不断优化；另一方面要不断使辅导员所教育和管理的学生能够更加全面发展，人才培养的质量不断提升。因此，辅导员队伍建设评价目标效益指标中应包含辅导员队伍的数量、质量、结构和效益四个二级指标，其核心是检测辅导员队伍建设的实际效果和社会效益。

（四）深入开展高校辅导员队伍建设评价的攻略

建立高校辅导员队伍建设评价指标体系的目的是通过实施科学有效的评价，为加强和改进辅导员队伍建设提供理论指导和制度保障。因此，需要明确界定高校辅导员队伍建设评价的主体，科学运用评价结果推进辅导员队伍建设。

1. 明确界定高校辅导员队伍建设评价的主体

宏观上，与辅导员队伍存在一定社会关系的组织和个人都是辅导员队伍建设的主体。微观上，辅导员队伍建设的主体是对队伍建设产生最直接影响的高等学校、学工组织和院系及其相关领导。辅导员自身既是队伍建设的主体，又是队伍建设的客体，因为辅导员队伍建设的最终目的集中体现为辅导员个体素质能力、工作水平的提高以及辅导员队伍结构功能的最优化。只有明确界定辅导员队伍建设的主客体，才能激励其端正思想、提高认识，真正贯彻落实党和国家关于辅导员队伍建设的各项政策和文件，积极主动地采取有效措施，切实加强辅导员队伍建设。

2. 科学有效开展高校辅导员队伍建设的评价

实施高校辅导员队伍建设评价需要紧密围绕评价指标体系，开展上级组织实地考评、高校自评和辅导员自评三级评价的信息采集模式，以全面获取和掌握辅导员队伍建设的实际情况。

上级评价主要是地方教育主管部门从管理者的角度，对高校辅导员队伍建设情况进行评价。一方面，上级教育主管部门是高校辅导员队伍建设各项制度的制定者，对于各高校开展辅导员队伍建设具有指导、监督和考核的职责；另一方面，上级教育主管部门对于本地乃至其他各地高校辅导员队伍建设具有较为全面的了解，因此在考核评价辅导员队伍建设中具有较高的可信度。在高校自我评价中，高校应坚持实事求是、客观公正和严肃认真的原则，既要开展批评与自我批评，客观剖析诊断、如实总结分析本校辅导员队伍建设中取得的成绩和存在的问题，又要通过与其他高校的比较，查找自身在辅导员队伍建设中存在的差距。高等学校是辅导员队伍建设最直接的主体，也是培养辅导员最主要的阵地，本校辅导员队伍建设效果如何，高校最具发言权。辅导员是建设过程中的参与者和受益者，辅导员队伍建设的效果，辅导员具有最为切身的感受和体会。因此，辅导员在进行队伍建设评价采集数据时，应消除各种顾虑，客观公正地反映队伍建设的实际情况和存在的问题，确保信息采集的真实性。只有通过上级组织实地考评、高校自评和辅导员自评三级评价信息采集模式，才能确保高校辅导员队伍建设评价数据采集的真实性，为科学开展辅导员队伍建设评价提供有价值的原始信息。

3. 科学运用高校辅导员队伍建设评价指标体系

实施高校辅导员队伍建设评价是高校辅导员队伍建设的重要环节，但若只有评价，而忽视对评价结果的反馈与应用，就达不到以评促建的根本目的。评价的主要功能不在于甄别，而在于以评价促进建设、促进发展，以评价过程中反映出的信息，鼓励评价对象发现问题、完善自我，以此促进个人的发展和社会的发展。因此，需要及时反馈高校辅导员队伍建设评价的结果，加大对评价结果的有效运用。在分层管理思想的指导下，上级教育主管部门应加强对高等学校辅导员队伍建设的监督，制定并实施科学合理的奖惩机制，结合高校辅导员队伍建设评价结果，对辅导员队伍建设不达标、不合格的高校予以通报并限期整改，对先进典型的高校予以表彰和奖励，有效促使高等学校严格贯彻落实辅导员队伍建设的方针政策，扎实推进高校辅导员队伍建设。建立辅导员队伍建设责任连带机制，将高校辅导员个人素质能力和工作业绩与绩效工资和发展晋升相结合；将高校辅导员队伍建设的实际效果与高校主要负责人和分管领导的年度考核相结合；将高校辅导员队伍建设的实际情况与高校招生名额、本科教学评估和财政经费划拨相结合，以科学的奖惩制度切实激励高校深入推进辅导员队伍专业化、职业化和专家化建设。

第五章　高校辅导员队伍专业化建设

第一节　高校辅导员队伍专业化建设的学科支撑

一、辅导员队伍专业化建设的思想政治教育哲学基础

思想政治教育是指一定的阶级、政党、社会群体遵循人们思想品德形成发展规律，用一定的思想观念、政治观点、道德规范，对其成员施加有目的、有计划、有组织的影响，使他们形成符合一定社会或一定阶级所需要的思想品德的社会实践活动。思想政治教育学则是在长期的思想政治教育实践基础上形成、发展和完善起来的，把人们思想品德形成、发展的规律和对人们进行思想政治教育的规律作为自己的研究对象。

辅导员对大学生进行思想政治教育和日常管理的工作是高校思想政治教育学在高校的重要研究领域之一，承担着提高大学生政治素质和思想道德水平、促进大学生全面发展的重要职责，为思想政治教育学的发展提供了实践基础。思想政治教育是一项社会实践活动，它具有鲜明的阶级性，不仅这一实践活动的实施者代表着一定的阶级意志，而且其表达的思想内容与社会主导的意识形态相一致。思想政治教育是以教育为中心的社会实践活动，涵盖了教育活动的全部过程和价值旨归。同时，思想政治教育目的论、过程论、方法论、发展论等也为辅导员队伍专业化提供了理论支撑。

（一）思想政治教育目的论为辅导员队伍专业化建设提出了方向性要求

思想政治教育的目的是指通过对教育对象采取一定的教育活动，使教育对象的思想和行为以及在社会生活中达到一种"四德"教育的目标指向和价值取向。目的设置为活动的开展提供依据、动力和方向，为活动双方提供精神力量，为活动效果的检验提供标准和依据。

思想政治教育的目的是一个价值体系，它由根本目的和具体目的组成。根本目的是要提高人们认识主客观世界和改造主客观世界的能力，要求人们在努力改造客观世界的同时更主动地改造主观世界，不断提高人们的个人品德、家庭美德、职业道德和社会公德。一切思想政治教育活动都必须围绕"四德"来展开，凡是有利于实现这个根本目的的，都应坚定不移地坚持和维护。

高校辅导员作为对大学生进行理想信念教育的主体，辅导员自身只有职业理想坚定，具有深厚的理论素养和扎实的理论功底，才能正确地引导、教育学生，才能科学回答在价值多元化背景下成长起来的学生所提出和碰到的各类信念、信仰问题，也才能真正达到政治强、业务精、纪律严、作风正的要求。辅导员只有牢记使命，立足岗位，锤炼本领，才能在学生理想信念教育中发挥更大作用。

辅导员既是开展大学生理想信念教育的主体，又是接受教育的客体，大学生是辅导员在日常思想政治教育过程中最为主要的工作对象，辅导员与学生之间的亲密关系是双方在思想政治教育情境中，通过相互交往和影响而形成的一种最为重要的人际关系。加强辅导员职业理想的塑造，培养辅导员树立坚定崇尚科学的职业理想，能帮助辅导员树立以学生为本，深入学生，面对压力，自己努力、向外借力，形成合力，全员全过程全方位育人的工作理念，更好地在大学生思想引领、服务成长成人成才上下功夫，真正实现把青年大学生培养成专业素质高、精神风貌好的"四有"人才。高校辅导员工作必须始终坚持育人为本，德育为先，引领大学生树立正确三观，确立四信。信仰建设是确立信仰和稳固信仰的过程。目前中国社会处于转型时期，经济体制发生了深刻变革，社会结构发生了深刻变动，利益格局发生了深刻调整、思想观念发生了深刻变化，文化、思想、价值观念发生了多元碰撞，使社会成员面临信仰的重新思考和选择。马克思主义信仰具有其他任何信仰都无可比拟的优越性，它是一种现实的信仰、科学的信仰、崇高的信仰、健全的信仰。同时，马克思主义信仰体现了真、善、美的高度统一，实现了个人人生信仰和社会理想信仰的高度统一，具有很强的生命力。当代中国青年既没有经过革命年代的洗礼，也没有对改革开放进程中发展的马克思主义有深切的体会，因此，坚守马克思主义信仰作为科学的主导信仰应该成为当前中国青年信仰建设的重点。巩固马克思主义信仰，必须超越过去对马克思主义的盲目崇拜，通过理性的反思在更新更高的层面上坚守对马克思主义的信仰，做到在思想上真正认同、笃信马克思主义；在理论上自觉学习、发展马克思主义；在行动上切实贯彻、践行马克思主义。

（二）思想政治教育过程论为辅导员队伍专业化建设提供了重要的思想指导

思想政治教育的过程论是思想政治教育学理论体系的核心，是探讨思想政治教育本质和规律的基本理论。具体是指教育者根据一定社会的思想政治要求和受教育者思想政治素质形成发展的规律，对受教育者施加有目的、有计划、有组织的教育影响，促使受教育者产生内在的思想矛盾运动，以形成一定社会所期望的思想政治素质的过程，并在其中把一定社会的思想、价值观念和道德规范转化为受教育者个体的思想政治素质。思想政治教育过程作为一种相对独立的教育过程，有自己的特点。

思想政治教育的过程理论是对思想政治教育活动程序及其规律性的认识。人们对思想政治教育规律性和本质的认识程度直接决定着思想政治教育活动开展的程度，决定着活动开展过程的目标设计、过程把握、方法取舍、结果评价。要有序有效有力地开展思想政治教育活动，必须澄清思想政治教育的主次矛盾，对主次矛盾做出合规律性的分析。思想政治教育的特殊矛盾是一定社会的思想政治要求与受教育者实际的思想政治素质之间的矛盾。人的思想政治素质的形成和发展是指个体的思想政治素质在演化过程中不断获得新的品质的过程，是客观外界条件影响与主观内部因素相互作用的产物。具体地说，人作为主体，其思想政治素质的形成是主观内部因素和客观外界条件的积极影响的产物，主体接受外界的各种刺激，通过自我建构，逐渐形成和发展，实现将社会所要求的价值观念、政治观点、道德规范内化为受教育者的思想政治意识，并外化为相应的行为和行为习惯。思想政治教育目标的实现是思想政治教育过程最直接的结果，在整个过程中，人的思想道德素质的形成与发展不是自发的，而是在一定的价值引导下完成的，是对一定社会经济形态和政治制度的自觉反映。思想政治教育目标也是通过教育者创设一定的价值环境来实现的。

高校辅导员是思想政治教育实践活动的主体，在具体的思想政治教育过程中，作为思想政治教育工作者，是国家意识形态的代言人，是社会分工赋予的权利和职责。尽管他们的行为是个人行为，但代表着国家意志、组织行为，为整个国家体系所支持。作为思想政治教育主体的行为是与所服务国家的政治要求和政治诉求相匹配、相符合的。在具体的思想政治教育活动中，必须按照特定的社会和阶级已定的思想理论体系并根据教育规律和目的及要求对内容进行梳理。同时，根据高校辅导员个体素养的差异，在思想政治教育实践中通过理论学习，通过活动参与，提高了理论素养，充实了自身内涵，用人格凝聚和活化思想政治教育功能，从而不断增强自身和思想政治教育本身的可行性，也增强了教育活动的亲和性和实效性，真正实现思想政治教育的主体性成长。一个人的成长，在一定程度上不仅仅取决于价值引导，而更多地取决于其建构的积极性和主动性。

思想政治教育推动高校辅导员自我教育的应有之义是鼓励其发挥自身主体性能力，基于现实世界来合理设计人生和实现自我建构，主动应对未来的创新。高校辅导员在思想政治教育过程中应把握思想政治教育的具体规律，人总是生长在不同的环境中，需要对于环境的辨识，对于自己心智构想的科学判断进行科学决策。高校辅导员在进行思想政治教育活动中要自觉运用客观规律，充分尊重这些规律，充分用好国家、省、校等的政策优势。在专业化的进程实现中，通过主体的积极建构，分析自己在专业化进程中的优劣，积极争取大学组织的主导，如参加外出培训、参与社会实践、实现学历学位提升等，充分发挥主体的主观能动性，逐步实现专业化。

（三）思想政治教育方法论为辅导员队伍专业化建设提供了具体方法指导

思想政治教育方法论，是思想政治教育学科理论体系的基本组成部分和基本原理的具体运用。方法论的科学指导与否和方法的正确运用与否是衡量思想政治教育目标和效果实现好坏的标准。具体来说，思想政治教育方法论是运用辩证唯物论和唯物史观的基本理论，研究和揭示人们的思想形成、发展、转化的规律，实施思想政治教育的规律，以及运用这些规律提升人们思想政治水平和思想道德素质的方法的总和。

思想政治教育方法是实现思想教育目的的重要手段。思想问题的产生与人们的认识角度、认识能力及所处环境等各种因素密切相关，解决思想问题尤其是要解决世界观、人生观、价值观的问题。能否自觉选择和运用思想政治教育的科学方法，是能否实现思想政治教育目的，完成思想政治教育任务的关键。

思想政治教育方法是教育者与受教育者互动联结的纽带。高校辅导员只有融入自己的职业中，通过不断的实践、不断的反思，综合运用各种资源来活化自己，才能不断成长。人的心理是思想品德形成的基础。高校辅导员在学习、人际交往、情感、就业创业等方面容易产生困惑。完善自身的心理素质，调整和排除存在的心理难题，要善于选择符合人的身心发展特点和思想品德形成发展规律的科学方法，形成良性协调的互动关系。人的思想认识归根结底来源于实践，人的情感、意志和信念只有在实践过程中才能得到强化，个体的社会化也只有在实践中才能不断完善。高校辅导员在思想政治教育过程中，要充分考虑人的决定因素和方法的中介因素。在思想政治教育的过程中，要根据具体情况，满足教育目标的不同要求，针对教育内容的不同特点，教育对象不同性质的思想问题、存在方式及其产生原因的差异，必须遵循针对性、综合性、创造性等原则，选择适当的解决方法。所谓的针对性，即实事求是，根据不同的任务，采用不同方法，注意对症下药，解决不同的问题。综合性是指思想政治教育者要综合分析思想政治教育体系内部各要素在实施思想政治教育过程中呈现的特点以及环境因素影响的复杂性特点，同时或先后选择一种以上的教育方法运用于教育过程，并在把握不同教育方法时兼顾各自特点及共同趋向，进行有效的协调综合，形成教育合力。

高校辅导员在思想政治教育过程中，必须从实际出发，实事求是，不断研究新情况，解决新问题，探索新方法，克服教条主义和经验主义，与时俱进地创造性地对已有的思想政治教育方法进行改造。面对现代社会发展的丰富内容和复杂情况，开拓创新，注重效果和效益，运用系统的思维方式，通过方法的创新，从整体上思考问题，预见问题，解决问题。应在采用传统的疏与导相结合、说理与批评相结合、理论与实际相结合、批评与自我批评相结合、教育与自我教育相结合等原则的基础上，坚持面向世界与立足民族发展相统一的原则，主导性与主体性相统一的原则，个性化与社会化相统一的原则，在继承中发展，在借鉴中发展，在探索中创新。高校辅导员从事思想政治教育，唯有在科学理论的指导下，坚持与时俱进，坚持方法及方法论的创新发展，才能始终保持生机与活力，发挥出应有的功能，充分实现其价值。

二、辅导员队伍专业化建设的教育哲学基础

高校辅导员专业化建设是一项系统工程，在具体的实施过程中，可以借鉴教育哲学相关理论和原则。

（一）人的全面发展理论为辅导员队伍专业化建设提供了理论支撑

马克思主义人学不仅把"现实的人"作为唯一主体，而且还深入揭示了人的实践主体、价值主体等主要身份，其中实践主体是首要而核心的主体。所谓"实践主体"是指根据自身需要去认识、设计、生产客体，从而解放自己，创造美好世界的人。实践又可分为生产实践和交往实践，"生产实践"指生产者依照自身需要对劳动对象进行加工改造而生产出特定产品的活动，以期最大限度地改善人与自然的对象性关系，实现主客一体的良性共生；"交往实践"则指处理并优化人与人的对象性关系的活动。思想政治教育实践是典型的交往实践，交往双方虽可依其自主性强弱建立主客体关系，但在本质上，这是一种交互主客体关系和交互主体关系。一方面，任何社会人都是交往主体，其只有能动程度不同而无绝对的主客体之分；另一方面，各人自主性领域各有不同，在自主性强的领域是主体，反之则是客体，故交往中极易出现主客交错，互为主客体和互为主体关系。人的全面发展首先在于包括体力和智力的个体劳动能力的全面发展，劳动是人的本质力量的表现，劳动不仅改造着自然，而且也改变人自身。

"价值主体"又称为"需要主体"或"利益主体"，是马克思主义人学赋予"现实的人"的第二重主体身份，是指依据自身生存发展需要而对客体的价值进行评判、设定、追加乃至创造的人。人作为"价值主体"优先于"意识主体"，正因为主体对客体有需要，才会驱动主体去深入全面地认知客体。价值主体亦有能动性，人是唯一的价值主体，人的内在需要是唯一的价值尺度；人不仅进行价值评判，而且进行价值创造；人的价值评判和价值创造是丰富多彩的，也是与时俱进的；人的价值评判和价值创造具有不断优化、真善美合一的历史总趋势。真善美都是一种建基于主体内在需要的价值尺度，分别满足主体人对真理、道德、艺术的需要。随着社会生产力的发展，发展需要将逐步成为最主要的组成部分，劳动者在选择从事什么劳动和怎样从事劳动时，最为关心的不是物质利益，而是他的自身完善和自我实现。

高校辅导员作为思想政治教育工作者的重要组成部分，其主体地位主要表现在三个方面：在思想上，他们始终保持了先进性、深刻性与创造性，唯此才能依靠真理的力量说服人；在政治上，他们始终保持进步性与觉悟性，始终依靠正确的政治理念启迪别人，依靠正确的政策主张促进他人发展；在教育上，他们始终保持了自主性、能动性和艺术性，更加富有充实的理论知识、丰富的实际经验和高尚的职业风格，强调用有效的教育艺术启发人，依靠丰满热诚的人格魅力感染人。高校辅导员在专业化的进程中实现自身和服务对象共同的全面发展、个人整体与工作职责的全面协调，如在从事思想政治教育与引导工作时，要考虑到在学生工作部和思想政治理论教学科研部的认可下主动参与思想道德修养与法律基础或形势与政策课的教学工作；组织开展多种形式的主题鲜明的教育活动，坚持与学生谈话制度，深入了解学生思想状况，有针对性地开展日常思想政治教育工作和品德行为引导工作。在"交往实践"中实现自身与周边各类关系的和谐，真正实现与"价值实践"的统一，不断提升专业化的水平。

（二）生活教育论为辅导员队伍专业化建设提供了现实基础

人类社会是一个有机体。只要是有机体，就具有一种"扬弃"的机制和功能，教育尤其是高等教育的机制和功能是人类社会所特有的，其作用也是特别的。人类自从创立了教育以来，就等于给自身创造了一种自我调节的完善的机制与功能。

对于高校辅导员们来说，应该明确教育价值高于一切价值，教育不仅要适应社会，更要引领社会文明进步；教育是社会活动过程，是全社会共同的事业，它有明确的阶段性任务，没有终极目标，这需要从服务的对象开始，践行以人为本，以价值为灵魂，以能力为核心，以制度为保障，以公平为基础。即面对由精英型向大众型教育对象的变化，学生的思想差异、行为差异、习惯差异也非常大，不同的家庭在社会地位、价值标准、生活方式、教育孩子的方法等方面存在很大差异，这种差异必须要求高校辅导员践行生活教育论，根据受教育者的个性、特长、发展水平，做到因材施教，首先要了解他们，研究他们，把对受教育对象的深入了解和研究作为教育引导他们的前提和手段。从实际出发，进行分类分层引导，有针对性地开展工作，同时充分调动他们的主体性和自主性，使每个受教育者能结合自己实现全面发展。其次，生活教育不是抽象的，而是具体的。要使受教育者在生活教育中受到潜移默化的影响，必须建设符合他们个性特征的生活教育载体，让他们在实践中受教育，长才干，作贡献。不仅仅满足生活需要，还应满足生存和生命需要，把促进学生的自由全面发展和个性化发展作为工作的出发点和落脚点。

三、辅导员队伍专业化建设的心理学基础

心理学是研究人的行为与心理历程的一门学科，它以人为研究对象，既关心人们在各种情境下行为方式的特点与规律，又研究这些外显行为内在的心理过程与规律。高校辅导员作为青年学生健康成长的知心朋友，需了解服务对象的心理发展规律和特点，做好学生的心理咨询和辅导工作，更好地完善专业化建设。

（一）多元智能理论为辅导员队伍专业化建设提供了心理学基础

多元智能理论把智能定义为：在实际生活中解决所面临的实际问题的能力、提出并解决新问题的能力以及对自己所属文化提供有价值的创造和服务的能力。人类拥有的智能涵盖八个方面：第一，用语言思维、表达欣赏语言深层内涵的语言符号智能；第二，用计算、量化、思考命题和假设来进行复杂数学运算的数理逻辑智能；第三，利用三维空间的方式进行思维的视觉空间智能；第四，操纵物体和调整身体的运动智能；第五，感知音调、旋律和音色等音乐节奏智能；第六，能够有效地理解别人和与人交往的人际关系智能；第七，建构正确自我知觉并善于用这种知识计划和导引自己的自我认识的智能；第八，观察自然界中的

各种形态，对物体进行辨认和分类，能够洞察自然或人造系统的自然观察的智能。这些智能必须通过习得来实现。许多行为是通过观察学习得来的，观察学习是形成社会行为的基础。

作为高校辅导员，特别是新入职的辅导员，要把实现社会化与加强自身修养结合起来，在保持身心健康发展的同时，养成主动、积极、乐观、健康的生活习惯和高效的工作习惯，直面工作，在主动建构和不断观察、传承同辈的优秀工作风格的同时，找到适合于自己的工作方法，培养良性的竞争力、社会适应力、自我管理能力和快乐感受力，不断提升专业化水平。

（二）心理契约理论为辅导员队伍专业化建设提供了成长的方向指引

心理契约理论是美国著名管理心理学家施恩教授首先提出的；在此基础上，后来的学者进行了深入研究和发展，提出了组织支持认知理论，主要观点是指员工对组织如何关心自己和重视自己贡献的一系列主观的认知。员工知觉到组织支持时，愿意在互惠原则的基础上，以工作努力来换取组织提供的资源和奖励，并由此带来职业满意。

职业是一个比较复杂的，涉及一系列行为策略的动态过程，其成功不仅取决于辅导员自身的个性，在不同程度上其能力、价值观、态度等个人因素也会起到相应的作用。不仅如此，还会受到来自多种外部因素的影响。根据系统论的观点，职业成功的因素是内部因素和外部因素有机的结合。因此，在考虑职业成功影响因素的时候，其中组织支持认知是一个重要的因素。组织支持认知理论主要包含三个方面的内容：第一，采取主动的支持措施。第二，有效地传达高层管理者的支持。在管理实践中，高层管理者应当展示出对辅导员的积极的评价，塑造亲切友好形象，并通过实际行动来表现对辅导员的薪酬和福利的关注。第三，取得上级支持。上级常常被视为组织的代理人，上级的支持措施有助于辅导员产生好感。在管理实践中，组织应当培育出这样一种文化，即要将上级对下级的支持性行为加以公开并加以赞扬。上级对下级员工的方式，下级的进步以及员工对上级的评价，至少应部分地成为公正的监控机制，对员工的绩效评价和提升等遵循公正的程序，显示出组织对员工利益的强烈关注，因此会对员工产生很大的影响。

高校辅导员作为与学生直接接触的一线知识型人才，自身具备良好的学习习惯和充分的敏锐的观察能力，具备良好的心理素质，掌握沟通的技巧，了解心理健康的相关知识和体系发展脉络，能够积极引导青年大学生遵循客观规律，悦纳自己，有惑必解，在守护青年大学生健康成长中不断提升专业化水平。高校辅导员在专业化进程中，不仅仅希望得到国家相关部门的重视，同样也希望得到学校、家长、同事和青年大学生的认可。

（三）关心理论为辅导员队伍专业化建设提供了新的研究视角

经过近年连续扩招，我国高等教育正在迈向由数量增长向质量提升的新阶段。关心理论随着 20 世纪 80 年代末 90 年代初的"学会关心"这一具有国际意义的教育思潮的兴起而备受关注，为高校辅导员专业化发展提供了新的视角。教育在某种程度上是道德的，所有计划和实施着的教育都努力将所有与道德相关的内容包括在内，旨在提升受教育者的伦理理想，使得他们能够持续地与他人道德相遇。从关心伦理的角度出发，道德教育包含四个组成部分，即榜样、对话、实践和证实。关心本身是充满情感的，关心的起点首先要学会对自身的关心，关心自己的身体、精神生活、职业生活和娱乐生活；其次，关心是一种关系，以关系为中心，而不是以人为中心，关心的本质是关心方与被关心方的关系。关心关系的形成一方面取决于关心方对这种关系的认可和维系，另一方面也有赖于被关心方的态度和感受能力。关心不是源自对弱者的怜悯、施舍，而是源自人与人相互依存关系的体认；关心的本质是关注成长。关心的本质与教育密切相关，教育不只是为经济生活和为公民做准备，也不仅仅是为了得到较高收入的工作做准备，理想的教育应该为关心家庭生活做准备，为抚养孩子成长做准备，为处理好邻里关系做准备，为审美做准备，为全部的生活方方面面做准备。在教育中体现关心，不仅锻造人某方面的功能，而且要使每个人充分实现他的潜能，当人们试图解释道德教育中的所作所为及其原因时，榜样的功能自然就凸显出来了；对话把人们联系在一起，对话不仅能够帮助决策者深思熟虑，充分论证，也能帮助人养成一种习惯，从而使人们有可能建立一种充满关心的人际关系，即关心者和被关心者的关系；通过实践活动整合二者，来证实人与人之间的每一次接触都可能形成一种关心的关系。

同理，高校辅导员专业化发展不仅意味着关注专业知识、专业技能，更应关注精神世界，要发动情感，而不只是逻辑理性。教育本应是充满激情与智慧的，课堂生活必须彰显教育者的非理性精神，教学只有融入了整体性的情感、思想与智慧，课堂才能充满生机与活力。高等学校的课堂应是理性与非理性的结合体，它需要教师将自我的热情、信念、价值观等都投入教育实践中，与学生一起探究对话，建构对教育生活的体验与态度，品味知识的酣畅和精神的欢愉，成为共同成长的学习共同体。所以，作为高校教师身份的高校辅导员，在专业化建设过程中应该遵循关心理论，在专业化理性发展的进程中，尊重个性发展的差异性和独特性，以适应社会和学生发展对高校辅导员多样化需要和自身发展的需要。

关心是教师职业的基本特点，一个人进入了教师职业，首先就是进入了一种关心关系，关心先于、重于做事和职业技能，这是教师与其他职业的最大区别。

关心的基础是尊重，在具体的实际工作中，应该平等对待学生，提高辅导员的关怀素养并积极地在育人过程中扮演好关心者的角色。高校辅导员和大学生的有效互动是指在思想政治教育活动中辅导员与学生均以主体身份出现，以平等、尊重为原则，以实现思想政治教育价值传递和学生全面发展为目标，以主体间关系为联系作用方式的实践活动。辅导员既是开展大学生理想信念教育的主体，又是接受教育的客体。大学生是辅导员在日常思想政治教育过程中最为主要的工作对象，辅导员与学生之间的亲密关系是双方在思想政治教育情境中，通过相互交往和影响而形成的一种最为重要的人际关系。辅导员树立什么样的职业理想和把大学生培养成什么样的人有着千丝万缕的重要关系。高校辅导员应该用社会主义核心价值体系来指导自己的工作，树立爱岗敬业、为人师表、淡泊名利、勤于学习、乐于奉献、善于创新的职业理想。

高校辅导员职业的基层性突出地反映了基层工作岗位的中介性和思想政治教育的深入性。在高校大学生思想政治教育的工作系统中，辅导员队伍是上下沟通联系的桥梁和纽带。高校辅导员在开展具体的工作时，应该注重一些社会现象对大学生的影响，利用好同伴教育、热点教育和新媒体教育等形式，利用好职业教育和人生规划的时机，充分发挥情感教育在大学生思想政治教育中的优势，开展感恩教育、诚信教育和责任教育。辅导员要成为大学生日常思想政治教育和管理的基层指挥员，必须深入大学生的人心，学懂上面的，摸清里面的，倾听下面的，借鉴外面的，真正成为大学生的人生导师和健康成长的知心朋友。不再仅仅是政府政策的传达者、学校指令的执行者，不再仅仅依赖单纯的说教和灌输来实现思想政治教育的目的，而是从人类共同的本性出发建立关心与被关心的关系，把大学生从对象化的思想政治教育的模式中解放出来，增强和调动大学生参与接受思想政治教育的自主性、自觉性。

第二节　高校辅导员队伍专业化建设的实践构想

一、辅导员队伍专业化建设宏观层面从"自在"转向"自为"的实践构想

思想政治教育工作要进行理念创新、载体创新、手段创新、基层工作创新，努力以思想认识新飞跃打开工作新局面，积极探索有利于破解工作难题的新举措新办法，把创新的重心放在基层一线。如何放在基层一线需要依赖宏观层面的顶层设计、中观层面的贯彻落实和基层层面的

认真执行。宏观层面的顶层设计人员由国家相关部委和部门及有关的决策咨询人员和全国德高望重的专家学者构成。这支队伍决定着思想政治教育政策制定的议题、政策制定的时机及政策制定的方向，是辅导员队伍专业化建设的核心和龙头，从战略和全局的角度审视着辅导员队伍专业化建设的历程。

（一）加强工作督查促进文件贯彻落实

政策制定并不等于政策问题的解决，要彻底解决问题，则有赖于有效的政策执行。可以说，制定政策只是认识世界的阶段，执行政策才是改造世界的阶段。标准是质量的基础，质量是标准的目的。在实际工作中，按照职业化标准对辅导员进行专业知识和职业技能培训，在规定时间内使其逐步获得相应的专业资格证书，提高专业化水平。例如设立试点，在若干个具有丰富思想政治教育经验、人文社会科学实力雄厚、具有鲜明特色的高校中设立辅导员岗前培训基地或中心，对新任辅导员进行系统培训，帮助他们认识岗位，掌握技能，提高岗位适应能力，了解全国统一的辅导员资格考试，逐步建立新聘辅导员持证上岗制度。辅导员队伍专业化建设，队伍来源是关键，只有把好入口关，才能更好地开展培养工作。检查各高校辅导员制度的落实情况要像检查各高校学科建设、专业评估一样认真，像检查各高校本科教学评估一样严格，与高校的各项指标体系的编制挂钩，才能大踏步地推进辅导员专业化建设的进程。

（二）精心树立先进典型培育职业精神

辅导员队伍专业化、职业化建设不断推进，工作的针对性、实效性不断提升，成为引导学生健康成长、全面发展和维护高校和谐稳定的中坚力量，成为让党放心、受学生欢迎的育人队伍。大学生年度人物和辅导员年度人物都是青年师生的杰出代表，是引领广大青年崇德向善、见贤思齐的青春模范，肩负着更多的社会责任和公众期望。宣传新一代高校辅导员爱国奉献的坚定信念、情系学生的高尚师德、甘为人梯的思想品格和倾心育人的精神风貌，宣传高校先进的实践经验，宣传教育部辅导员培训与研修基地的新鲜做法，形成合力效应，对进一步推动高校辅导员队伍专业化建设有着重要作用。

（三）精心谋划国家战略建成数据平台

高校辅导员队伍专业化建设是一项长期而艰巨的任务。建设这支队伍必须在坚持实事求是的基础上与时俱进，要精心谋划，分析新问题，做出新举措，搭建新平台以适应时代。在现阶段，必须用社会主义核心价值体系领这支队伍，这是高校辅导员队伍专业化建设健康发展的必须和内在保证，是把中国梦和青年梦有效连接的纽带。

高校辅导员队伍信息动态管理平台，是指以网络信息技术搭建的平台为基础，以高校辅导员的内在诉求为动力，运用科学技术，通过动态的数据收集与统计分析，从而优化辅导员队伍管理，达到交流互动、培训表彰的功能。大数据具有海量、多源、复杂的信息属性和高端、前沿的技术特征，是继云计算、物联网之后又一次颠覆性的技术革命。大数据使人的思维方式、行为模式、管理理念发生全方位变革，在公共管理领域蕴含巨大的应用潜力和创新空间。因此，从国家宏观层面推进高校辅导员信息动态管理的平台建设是实施国家战略的举措之一。

二、辅导员队伍专业化建设中观层面从"自在"转向"自为"的实践构想

辅导员队伍专业化建设的中观层面主要是指省级相关部门负责思想政治教育的机构，这些机构通过制定配套政策及实施意见，将宏观政策转化为更具体的要求，并推动政策的执行。其工作人员在具体的政策环境中，既是政策的制定者又是政策的执行者，从组织层面来讲，起着承上启下的统领作用；从政策执行的角度来讲，起着推波助澜的丰盈作用。

（一）结合省情，优化制度，让国家政策成为辅导员专业化建设的有力保障

我国高校辅导员制度从孕育、诞生到发展、完善，走过了非同寻常

的道路，有成功的经验，也有挫折和教训。经过几十年的建设和发展，我国高校辅导员队伍逐步壮大，已成为学校教师和干部队伍的重要组成部分。在国家政策导向之下，各省教育部门结合省情，优化制度，各显神通，不断推进着辅导员队伍专业化建设。

（二）依托基地，强化培训，让真才实学成为辅导员专业化建设的有力抓手

高校辅导员专业化要求辅导员要有胜任学生工作的专门的知识体系。辅导员队伍要向专家型发展，建立以大学生思想政治工作为职业的专业型人才。在教育部制定的关于辅导员队伍建设的重要政策中都明确指出要对辅导员进行培训，建立培训与研修基地，搭建辅导员培训平台，并对培训的内容及其他相关的政策支持都有明确指导。辅导员基地要承担所在区域内高等学校辅导员的岗前培训、日常培训和骨干培训，对辅导员进行思想政治教育、时事政策、管理学、教育学、社会学和心理学以及就业指导、学生事务管理等方面的专业化辅导与培训，开展与辅导员工作相关的科学研究，努力完成好培养培训、理论研究和决策咨询的职责和任务，把基地建设成为培养辅导员的人才摇篮。在教育部的指导下，各省高校辅导员的培训与研修基地都有了长足发展，并涌现出了一批颇具特色的教育基地。

（三）倾斜政策，晋职晋级，让乐业敬业成为辅导员队伍专业化建设的有力途径

辅导员在高校教师中是一个特殊的群体，特殊的工作环境、较高的学历、自我意识的发展导致这个群体有着不同于其他专业教师队伍的特点。建立辅导员的发展和激励机制必须遵循发展、个性、公平和多元的原则，应建立相应的行政职务和专业技术职称晋升机制，激励辅导员的工作积极性。

晋升机制是考评机制的自然延伸。根据考评结果，对辅导员的职称职务发展做出相应规定，是切合辅导员自身利益、增强辅导员工作动力

的重要举措。从性质上看，辅导员工作坚持以学生精神成人为核心，以学生专业成才为主体，以学生事务为基础。这些岗位特点决定了辅导员可以实现职务和职称双线晋升。辅导员职级晋升以工作实绩考核为主，兼顾工作研究学术成果。

从专业技术职务上看，设立学生思想政治教育与发展指导专业技术职务序列，成立专门的专业技术职务评审委员会，单独划定指标，单独确定标准。辅导员参加思想政治教育与发展指导学科的专业技术职务聘任，在注重工作实绩的基础上，重点考核工作研究学术成果，按照助教、讲师、副教授、教授等职级评聘辅导员的专业技术职务。助教为从事辅导员工作且具有硕士学位；讲师为具有硕士学位、担任助教职务两年或具有博士学位；副教授为具有硕士学位、担任讲师职务五年且晋升副教授前五年连续从事辅导员工作，或具有博士学位、担任讲师职称两年且晋升副教授前两年连续从事辅导员工作；教授为具有博士学位或具有学生思想政治教育与学生发展指导等相关专业硕士学位、担任副教授职务五年且晋升教授前五年连续从事辅导员工作。对于工作实绩和研究成果特别突出者，可在学历、学位方面破格。

对辅导员发展序列实行行政职级与技术职务聘任制的政策倾斜，可以充分调动辅导员们的主动性，实现整个队伍专业化建设的良性发展，改变过去仅凭资历晋升的局面，形成一套完整的思想素质、业务能力和工作成绩相结合的职务晋升机制。如果一方面是工作量、工作绩效、考评机制的两难困境与从业者利益保障的依据缺失；另一方面是物质利益先天不足与精神利益的后天难补，结果必然是两头都不靠岸的局面。

参考文献

[1]夏吉莉.高校辅导员核心职业能力研究[M].昆明:云南大学出版社,2020.

[2]胡星鹏.高校辅导员职业核心能力提升思维导图[M].济南:山东人民出版社,2021.

[3]何林建.高校辅导员工作实战指南[M].上海:上海交通大学出版社,2020.

[4]罗晶.高校辅导员职业核心能力构建[M].延吉:延边大学出版社,2017.

[5]龚建龙.高校辅导员的21项修炼[M].上海:上海教育出版社,2012.

[6]曲建武,熊晓梅,张伯威.高校辅导员工作学[M].沈阳:辽宁大学出版社,2007.

[7]陈立民.高校辅导员理论与实务[M].北京:中国言实出版社,2006.

[8]李莉.高校辅导员专业化发展研究[M].南京:东南大学出版社,2011.

[9]解超,江乃兵,沈晔.2007-2008上海市高校辅导员发展报告[M].上海:上海教育出版社,2012.

[10]张世泽.高校辅导员工作指南[M].沈阳:东北大学出版社,2013.

[11]牛文起.护航青春普通高等学校辅导员网络培训优秀研修成果汇编[M].北京:国家行政学院出版社,2016.

[12]黄瑞宇.新时代高校学生工作的创新研究与实践探索[M].北京:中国政法大学出版社,2020.

[13]张书明.高校辅导员队伍建设[M].济南:泰山出版社,2008.

[14]张兴雪,刘怀刚."互联网+"时代高校辅导员队伍建设系统工程研究[M].北京:九州出版社,2022.

[15]陈蕾,时学梅,买买提江·依明.高校辅导员队伍建设与职业化发展[M].延吉:延边大学出版社,2021.

[16]柏杨.改革开放以来高校辅导员队伍建设研究[M].成都:西南交通大学出版社,2018.

[17]毛建平."互联网＋"时代高校辅导员队伍建设研究[M].天津:天津科学技术出版社,2017.

[18]黄林芳.高校辅导员队伍建设机制论[M].上海:上海财经大学出版社,2009.

[19]丘进,卢黎歌.机制·创新·长效高校辅导员队伍建设研究[M].西安:西安交通大学出版社,2012.

[20]唐家良.高校辅导员队伍专业化建设与成长[M].北京:现代教育出版社,2008.

[21]王传刚.新时代高校辅导员队伍建设与能力提升研究[M].北京:中国政法大学出版社,2019.

[22]张凯.高校辅导员队伍建设与工作发展研究[M].延吉:延边大学出版社,2020.

[23]彭静.内蒙古高校辅导员队伍建设调查报告[M].呼和浩特:内蒙古人民出版社,2018.

[24]朱正昌.高校辅导员队伍建设研究[M].北京:人民出版社,2010.

[25]叶绍灿.高校辅导员队伍建设研究[M].合肥:合肥工业大学出版社,2016.

[26]刘畅.高校辅导员队伍建设及其在学生工作中的作用发挥[M].西安:西北工业大学出版社,2018.

[27]王丽芹.新时期高校辅导员队伍专业化建设路径探索[M].长春:吉林科学技术出版社,2020.

[28]张月.高校辅导员队伍专业化建设研究[M].长春:吉林大学出版社,2017.

[29]赵光,王建,殷秀萍.高校思想政治工作与辅导员队伍建设研究[M].

哈尔滨:黑龙江科学技术出版社,2014.

[30]杨康.高校辅导员队伍职业化建设研究[M].徐州:中国矿业大学出版社,2011.

[31]杜汇良,刘宏,薛徽.新时期高校辅导员队伍专业化建设工作指导手册[M].北京:高等教育出版社,2011.